JN208680

保育・音楽遊びの幅を広げよう！ 創造性を養う

リズム（がオドル）・楽器（とあそぶ）・コミュニケーション（つながる）

山地 寛和・山川 博史 編著

編集協力：特定非営利活動法人ちゃいるどネット大阪

三恵社

発行によせて ～はじめに～

「楽器が眠っている」

この本は、一つの疑問がきっかけで作られました。

それは保育者向けの講習会で楽器遊びを紹介すると
「楽器あそびってもっと気軽に考えていいのですね」
「楽器は発表会前にしか出さないのですが、明日からやってみます」
といった感想がくることです。
どうやら楽器は倉庫に眠っている園が多いようなのです。

私は疑問に思い、「なぜ普段から楽器あそびはしないのですか？」と尋ねてみました。
「壊れたらどうしよう・・・」
「きちんと教えないといけない・・・」
どうやら、楽器あそびには**大きな壁**があるようなのです。

　楽器は子どもにとって身近な環境の一つ。せっかく園にあるのに、卒園するまでに少しの期間しか登場しないのはとても寂しいですね。
　そこで本書は、保育者の皆さんが現場において、他の遊びと同様に"すぐに""気軽に"楽器を使って遊びが楽しめるような内容を紹介しています。
しかし、楽器遊びの"ネタ"本を作った訳ではありません。
　楽器"で"、または、楽器"を"、**見る・聴く・歌う・動く・感じる・描く・奏でる**、といった様々な感覚を使って楽しめる遊びを紹介しています。

また、私が音楽活動で大切にしていること
○**心を解放すること**
○**それぞれ子どもが持っている音楽感覚を引き出すこと**
○**コミュニケーションを楽しむこと**
○**自己理解・自己肯定・他者理解・共感共有すること**
○**発達に合わせて自然に楽器や音楽に親しむこと**
といった想いが本書に詰まっています。

20年の実践の中で見えてきた**"保育者のここが知りたい!!"**にこの本が届きますように、
保育者が楽しい！
だから
子どもも楽しい!!

そんな願いをこめて、保育者の皆様にお届けいたします。
「ありがとう」の気持ちとともに

やまじ　ひろかず
山地　寛和

「ヒントに」

私は保育現場の経験を経て今、子どもの音楽に携ることができました。

私は昔から音楽が大好きです。

今はひとつ言葉が増え、子どもと一緒に楽しむ音楽が大好きになりました。

皆さんは音楽が好きですか？

子どもは ‘遊び’ を通じて成長しますよね。

遊びが楽しいから遊び、楽しいからより新しい遊びを自分で考えたり、試行錯誤したりと遊びが発展していき・・・・・。

音楽も同様に楽しいから、より ‘したい’ という気持ちが生まれ ‘する’ のです。

この本を手にとった先生方も保育が楽しいから保育の仕事をされていますね。

ですから、子どもと遊んでいく中で、先生自身も ‘楽しいな’ という気持ちを持って

本書の遊びを実践してみてください。

すると楽しいから今度は子どもとこの遊びをやってみよう、こうしたらどうだろうと遊びがつながっていきます。

本書は遊びのヒントです。

先生らしい遊びを創り上げてください。

そして ‘保育の中の音楽’ は技術教育するためのものではなく、

音楽を通じて表現する楽しさを感じ、生きる喜びを感じることと、

音楽を通じて人と心を通わせる楽しさを感じること。

が基本にあり、大切なポイントだと思っております。

本書はこの思いをベースに書きあげました。

1冊まるごと楽しんでくださいね。

山川 博史
（やまかわ ひろし）

10 数年前、「保育者に音楽の研修をしていきたいので話を聞いてください」とちゃいるどネット大阪の事務所に来られた山地寛和さん。一人ひとりの子どものリズムや興味から出発する音楽、そこから他者とつながる楽しさへと広がる音楽を追求していきたいというお話に共感し、保育者研修を毎年お願いし今日に至っています。

私たちの生活はリズム・音楽と切り離すことができません。誕生と同時に始まる呼吸のリズム、お母さんをはじめ大人から話しかけられやりとりする言葉のリズム。そういう一人ひとりのリズムや表現を尊重し共に楽しむことが、自尊感情をゆたかにし、人への関心へと世界を広げていくのだと思います。

本書にはその手がかりがいっぱい詰まっています。ぜひ園のテキストとして活用していただき、子ども達の様子、声を届けてください。お待ちしています。

編集協力　特定非営利活動法人ちゃいるどネット大阪

本書の使い方

この本を作成することが決まったとき、音楽が好きな先生も苦手意識がある先生も、
音楽が好きな子どもも、苦手な子どももみんなが楽しめる音楽遊びを紹介したいと思いました。
ですから、様々なケースを想定した上での解説が沢山書かれています。
文章が多いように感じるかもしれませんが、全て読んでから実践する必要はありません。
まず、先生が子どもとやってみたら面白そう、楽しそうと思える遊びから試してください。
解説等は、子どもたちと遊んでいく中で疑問点が生まれてきた時に読み返しましょう。
すると、遊びの意味合いがよく理解でき先生の学びが深くなります。
音楽だけでなく保育生活における遊びは、先生が楽しくなければ子どもも楽しくありません。
是非子どもと一緒に遊びを楽しみながら実践してください。

① 各章について

遊びはどこから始めても構いませんが、本書は第1章から第3章へとつながりを持たせています。
まず、音を楽しむことを中心に遊び（第1章）、音を楽しんだ後は、みんなで音楽を楽しむ
コミュニケーションを中心とした音楽遊び（第2章）を紹介しています。
最後の第3章は第1章、第2章で行った音楽遊びをさらに発展させ、より音楽の要素を踏まえた遊びや、
保育内容との結びつきを考えた音楽遊びなどを紹介し、最後はリズム合奏で遊びます。

② Step について

音楽は急に難しいことをやってしまいがちです。
少しずつの積み重ねを分かりやすく Step1 から Step2 、Step2 から Step3 といった形で表していますが、
全て Step1 からする必要はありません。
子どもの姿をよく見て、どこから始めるのか考えて決めてください。
※ Step 以外の 1 や その1 で示している遊びは順番通りの遊び方で行ってください。
　また、1日で Step1 ～最後までは遊べません。時間をかけて1つひとつの遊びを楽しみましょう。

③ 解説マークについて

どんなあそび？・あそびのポイント▶遊びの紹介と遊び全体の解説（大切にしたい部分）を示しました。
援助ポイント▶ Step に書かれている内容の遊び方とその解説、実際に先生が遊びを進めていく中で困る
　だろうなと思った部分の解決方法を書きました。
ひろせんせいは…・ひろせんせいより▶筆者が子どもたちと遊んでいく中で、大切にしているところや、
皆さんへのメッセージを書きました。
発展編▶より深く音楽を楽しめる内容の遊びを紹介しています。
その他にも遊びの内容に応じて、解説マークを付けています。

④ 全ての遊びに楽器

本書では、「楽器」を全ての遊びに入れて、紹介しております。楽器遊びの展開が苦手な先生も、好きな
先生も楽器を沢山使って楽しんでください。

⑤ 歌いながらの活動

歌いながら楽器を演奏する活動が多く出てきますが、慣れてきたら歌を省いて楽器だけで遊んでも構い
ません。
※楽譜は簡単に弾けるようアレンジしています。得意な方はご自身で変化させてください。

本の通りに実践するのではなく、少しずつ変化を付けて、先生に合った形、子どもに合った形で
遊びを進めてください。

音楽に触れよう❶
好きな楽器どっち

どんなあそび？

子どもが自ら楽器を選び、自由に演奏を楽しむ遊びです。

決められた楽器を演奏するのではなく、自ら楽器を選ぶことで、音楽に対してより興味や感心を持つとともに、新しい環境に進んで関わろうとする力が養われます。

初めて出会う楽器に'ワクワク''ドキドキ'する子どもの気持ちを受け止めながら、楽器遊びのはじめの一歩として遊んでみてはいかがでしょうか。

タンバリン！　カスタネット！

音楽的なねらい

⭐ 楽器に興味をもつ（音色・色・形）
⭐ 楽器に触れて自由に演奏する

準備物

⭐ **ピアノ**
⭐ 子どもの発達に合った楽器2種類
　例えば：**タンバリン・カスタネット・鈴** など
　（Step3）（P10）まで行う場合は全員分ある楽器
⭐ Step3 を行う場合は**CD、CDラジカセ**
　（音源など音楽データと機材）

〈ポイント〉
まず最初は手に取ればすぐ音が出る、鳴らし方にコツのいらない楽器を準備することで全員が遊びに参加できます。

> コツのいらない楽器とは？
> バチ類を使わず、手で直接触れて音が鳴る、タンバリン、カスタネット、鈴、マラカスなど…

あそびの**ポイント**

この遊びは、2種類の楽器から、好きな（興味を示した）楽器を1つ自分で選びます。

選んだ後、なぜこの楽器を選んだのか、子どもに聞いてみましょう。気持ちを言葉で表すことも、表現のはじめの一歩です。

また、この遊びでは楽器の持ち方、叩き方を示しておりません。

子ども自身でどのように演奏したらいいのか考え、まずは子どもが楽器に充分興味がもてるよう、自由に遊んでみましょう。

Step 1 楽器が子ども全員に見える環境を整え（半円に座る）、先生は2つの楽器を具体的に紹介する。

例えば

先生が楽器をよく見て ▶ 見て気付く部分を伝える。
[大きさや、形、色など]

先生が楽器をよく触り ▶ 様々な触感を伝える。
[尖っている、丸みがある、硬い・柔らかい部分など]

先生が楽器をよく鳴らし ▶ 音色を言葉で表して伝える。
[1つの楽器でどれ程の音色があるのか様々な方法で演奏をして]
※持ち方や鳴らし方ではなく音色を伝えます。

他に匂いや素材 [木、皮、鉄]、楽器の由来などを調べて伝える。
楽器の名称を伝えるだけでなく様々な表現で子どもに楽器を紹介します。

ここに2つの楽器がありますよ〜

こっち側は空いていて中が見えるよ

よく見る

うすい皮のようなものが張ってあるよ

よく触る

振るとシャラシャラ～と音がするよ

よく鳴らす

子どもの気付きから…

先生発信ではなく、どのような形、音、匂いがしたか、子どもの気付きからスタートして対話形式で楽器の紹介を行ってみましょう。

ゴムがついてるのがいっしょだね

ほんとだね
どうしてゴムがついているのかな

Step 2

Step 1 で紹介した楽器2種類を机の上に置き、子どもが1人ずつ『好きな楽器どっち』の曲に合わせてどちらかの楽器を選び、自由に演奏する。演奏後は楽器を元に戻し、友達と交代し全員繰り返す。

※楽譜は次ページ参照

1 『好きな楽器どっち』の歌はまず先生が**アカペラ**で歌い、子どもの様子を見守れるような環境で行ってもいいでしょう。近くに先生がいることで、安心して遊びに参加することができます。
慣れてきたら、ピアノ伴奏を付けてください。

2 どのような気持ちで楽器を選んだのか、自分で演奏したらどのような音が鳴ったのか言葉を掛け、考えや気持ちを聞くことで、より楽器に興味や関心を持つことができます。
また、「AちゃんはBちゃんと同じ楽器だね。何ていう楽器だっけ？」などと声を掛けると、同じ楽器を選んだAちゃんBちゃんが会話をするきっかけ作りとなり、友達との関わりが促進される遊びへとつながります。

〈**アカペラ** P107 参照〉

好きな楽器どっち

山地　寛和

♩フェルマータ記号
少し長めにピアノを弾きます。
少し長めに弾くことで、子どもに好きな
楽器を選んでもらう時間を作ります。

先生が歌いながら弾きましょう　○　○　くん　の　すきな　がっきは

応用編　※タイミングを合わせて楽器をとる

↓※ここから、選んだ楽器で自由に演奏する　　※楽器の演奏ここまで↓

どっちかな

※間奏の間にメンバーチェンジ

じゃあ次選びたい人はだれかな～？

※応用編はタイミングが難しいのでまずは好きな
タイミングで楽器を選んでください。

〈間奏 P107 参照〉

♪～楽器はどっちかな？

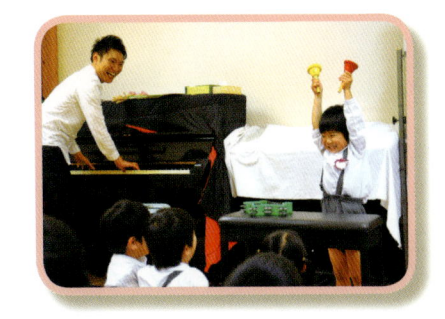

どっちがいいかな～
あっちの方が
かわいいかな？

♪Ａちゃんの好きな～

こっち！

シャララ
ララ～

応用編　『好きな楽器どっち』の伴奏に合わせる場合、'どっちかな？'の歌詞部分でタイミング
良く楽器を取れるようにしてもいいでしょう。　　※上記楽譜応用編部分参照

Step3 曲（CD）を流しながら Step2 で選んだ楽器を1人1つ渡し、好きなように触り、自由に演奏する。

曲を流しながら「さっきどっち選んだ〜？」などと声を掛け楽器を渡していきます。

曲を流してから渡すと、楽器を受け取った子どもから演奏することができます。これは、初めて出会う楽器だからこそ、すぐ演奏してみたいという気持ちを大切に、楽器をもらった子どもから演奏できるようにするためです。

曲や曲を流す機材の選び方として、曲は①はっきり**拍**感が分かる（**リズム**を取りやすい）もの　②途中で**テンポ**が変わらないもの　③歌曲を選ぶ場合は子どもがすぐ口ずさめるものを選ぶとより楽しめます（日ごろ歌っているもの）。

機材は全員が楽器を演奏しても、音がしっかり出て聞こえるものを選びましょう。楽器の環境は、全員分（1クラス）ある楽器を数種類用意できれば、全員に希望通りの楽器が渡せます。　　〈**拍**／**リズム** P108 参照〉〈**テンポ** P107 参照〉

好きな楽器はどっちかな？〜

音楽に触れよう❷
鈴相撲であそぼう

どんなあそび？

紙相撲の仕組みを用いた遊びです。紙相撲の土俵（箱）の上に‘お相撲さん’ではなく‘鈴’を置き、音を鳴らしながら鈴相撲として遊びます。紙相撲のルール同様2人組で行いますが、1人や複数で行うことも可能です。大きく叩いたり、小さく叩いたり色々なパターンを試しながら音の実験を楽しみましょう。

ちりちり ちりんちりりん

ころころ ころんころろん

音楽的なねらい

⭐ 音の大きさを感じる
⭐ 楽器を演奏するときの力の加減方法を、遊びを通して知る

準備物

⭐ **鈴**（楽器の鈴に付いている鈴の玉を1人1つ以上）
　※手芸専門店などで購入可能
⭐ **モール**（鈴に付けるために7cm程度に切ったもの）
⭐ **紐**（土俵に用いる）
⭐ **空き缶、空き箱**（土俵に用いるのに適した大きさ）
⭐ 必要に応じて**マレット類**（木琴や鉄琴のバチ）

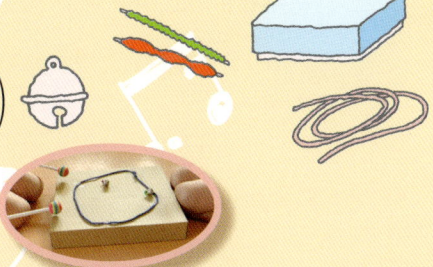

あそびのポイント

この遊びは、力の加減を自分で調整し、鈴に直接さわらず音を鳴らしていきます。
大きな力を加えると鈴は跳ね上がって飛んでいってしまいますし、全く力を入れないと動かず遊びが進みません。
どのようにしたら鈴が上手く動くのか、考えたり工夫したりする力を養えるよう行います。

 **準備**

〈土俵作り〉
裏返しにした空き箱の上面に紐で円形をつくり、テープで止める。

〈鈴のお相撲さん作り〉
鈴1つに好きな色のモールをつけ、自分の鈴がどの鈴なのか分かるようにする。

1 土俵の真ん中に鈴を2つ置き、向かい合わせになる。

2 先生が行司役となり「はっけよい のこった」の合図で、箱の端を指またはマレットでトコトコと細かく刻むように打って鈴相撲をする。

3 遊びが深まってきたら、行司役も子どもが行う。

援助Point

1 年長クラスでは、日々の遊びも、より楽しむために自分たちで工夫したり、発展させたりする様子が伺えると思います。この鈴相撲のルールも子どもが考えて遊んでみましょう。

2 年齢や発達によっては、指先の力の加減が難しく苛立ってしまい、土俵を手で叩いたり、ひっくり返したりと、遊びが続かない時もあります。
その場合は大太鼓の上に鈴を置き、ダイナミックに叩いて、鈴が飛び跳ねる様子を楽しめる遊びに変化してみたらいかがでしょうか。

3 鈴1つでできたら、2つ、3つと増やし、音の違いに変化を付けて楽しみましょう。

はっけよいのこった　のこった のこった

ころころ ころんころろん

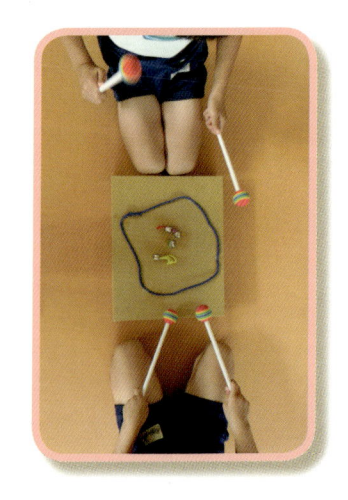

ちりりんちりりん！

ジェンベ

ちりんちりん！

ハンドドラム

ハンドドラムやジェンベなどの打楽器で鈴相撲を行っています。

子どもはマレットを用いて楽器を演奏する時、楽器にマレットを押さえつけ、響きが出ない叩き方で演奏をしてしまいがちです。

大太鼓や木琴、鉄琴のマレットの使い方は慣れるまで少し難しいのですが、手首の動きや、力の加減の調整もこの遊びで少しずつ慣れていくことができます。

力が抜けると演奏も美しい響きとなり、**リズム**にのりやすくなりますよ。

（太鼓の枠が打面より高い楽器は、鈴が落ちないので相撲としての遊びにはなりません）

〈**リズム** P108 参照〉

ひろせんせいは…

応用編　トランポリンを用いて遊んでみよう。

2歳児クラスの様子

即興的にピアノを弾いて鈴を鳴らしてみました。

ここでひと息

楽器のお悩み相談
〜楽器購入時の選び方〜

楽器は色々なメーカーから何種類、何通りとあります。
よく使う小物楽器を購入するときに気をつけるポイントを紹介します。

タンバリン

厚みと直径が子どもに合っているか確認します。
▶厚すぎたら子どもは手で挟むことができません。また、直径が長すぎると重くて子どもの手で支えきれません。

トライアングル

サイズが大きすぎないか確認します。
▶大きすぎて鳴らす場所がどこか悩むより、小さくて鳴らす場所が悩まない楽器を選びましょう。小さくてもコンサートトライアングルであればきれいな音でよく響きます。

ウッドブロック

響きがしっかり出る太さのものを選びましょう（深い音が鳴るもの）。
消耗していくと、組み立て部分が緩くなり、すぐ外れてしまう場合もあります。
メンテナンスをして確認しましょう。

鈴や**カスタネット**は手に持ちやすいものがいいのですが、鈴の鈴玉が錆付いていたり、カスタネットは紐がかなりゆるくなっていたりすることがあります。

どの楽器も美しい響きを子どもが感じるためにメンテナンスをしっかりしましょう。

音楽に触れよう❸ 音の探検隊

どんなあそび？

大きな楽器の構造を用いて楽しむ遊びです。
楽器はそれぞれ音色が異なります。なぜでしょうか？
楽器は、皮素材で作られたもの、木素材で作られたもの、鉄素材で作られたもの、合わせて作られたものなど様々な素材で作られているからです。
なぜこのような音なのか、ふとした疑問を遊びに展開させ楽器探検をします。
沢山の音に楽しく出会ってみましょう。

音楽的なねらい

- ⭐ 楽器の構造に興味をもつ
- ⭐ 聴く力を養う
- ⭐ 様々な楽器の音色の違いを楽しむ

準備物

- ⭐ 調べたい楽器類
  今回は、**大太鼓（バスドラム）**、**グランドピアノ**、**木琴（マリンバ）** を紹介します。
  P17のみ必要に応じて**ビブラフォン（鉄琴）**

あそびのポイント

'楽器'をただ見るのではなく、楽器の構造や、どんな音が聞こえるか、それぞれの楽器の音の違いなどを実際に触れて調べることで、より音楽に対して興味や関心を持って子どもたちは取り組むことができます。

今回3種類の楽器を例に紹介しますが、他の楽器で実践する際には

- ● 楽器の名称や、楽器のパーツなどの名称を調べる
- ● 楽器の構造や、楽器の音がどこから出ているのか、色々な角度から見る
- ● 楽器がどのような素材で作られているか調べる
- ● 見る、聴く、触る、匂うなど様々な感覚で楽器に触れる
- ● 組み立てが必要な楽器は、組み立て方法を調べる　など

以上のことをまず先生が行い、子どもがどの部分に面白いと感じるか考えてみましょう。

その1　大太鼓（バスドラム）編

① 大太鼓を観察する。

② 大太鼓の皮を手で触り、枠や枠にある小さい穴（エアホール・通気孔）などにも触る。

> 皮は1人ずつ触るのであれば軽く押してもいいでしょう。但し、メンテナンスをしっかりしている楽器に限ります。

③ 太鼓の振動を感じる。

> 太鼓の皮の上に手を広げて近づけます。その状態で大太鼓を叩くと振動を感じることができます。

④ 片面のボルト（ねじ）を緩めて皮を外す。

> ねじ回しのように回します。但し、ボルト回しが必要な楽器もあります。

⑤ 太鼓の中に顔を入れ、匂いを嗅ぐ。

> ［ 木や皮の匂いを感じてみます。］

⑥ 太鼓の中に顔を入れたまま声を出し、反響した声を聴く。

⑦ 太鼓の皮を戻し、ボルトを緩く締めた太鼓の音、きつく締めた太鼓の音の違いを感じる。

⑧ 太鼓の中に布（ブランケットくらいの大きさ）を入れた状態で皮を戻し、布を入れている状態と入れていない状態の音の違いを聴き比べる。

> ［ 布を入れると響きが少なくなります。］

楽器と離れた場所に移動し、距離によっての音の聴こえ方や、バチの種類による聴こえ方など様々な音の変化を楽しみましょう。

大太鼓のボルト（張り調整）の締め方、緩め方

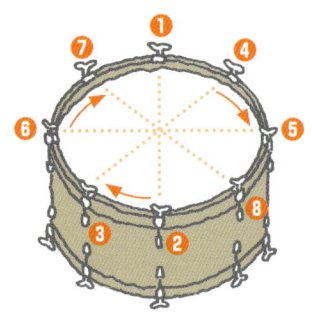

締め方例 〈ボルトが8本の場合〉

最初に締めたボルト（❶）、
その向かいのボルト（❷）、
その隣のボルト（❸）、
　（右隣でも構いません）
向かいのボルト（❹）、
隣のボルト（❺）…
というように図の番号順に締めて
いきます。
ボルトは少しずつ均等に回します。

皮の張りを緩める場合は❶からボルトを反対に少しずつ均等に回します。
大太鼓は手でボルトを回すことができるので、皮の張りの変化を感じながら、子どもたちと
行っても楽しめます（手でボルトを回せない大太鼓もあります）。

その2　グランドピアノ編

ピアノを色々な角度から観察、触るなど
の経験をした上で、

①　ピアノの下に潜り部位や構造を観察する。
　〔潜ったところでピアノを弾いてみてください。
　　とても大きな音が聞こえます。〕

**②　譜面台を取り外し、弦の部分を見ながら
　　先生の演奏を聴く。**
　〔ピアノ内部の色々な場所が沢山動き出します。〕

③　ピアノを自由に弾いてみる。
　〔弾くチームと弦を見るチーム、潜るチームに
　　分かれて交代しながら遊ぶことができます。〕

**④　弦の部分にピンポン玉や長い定規など
　　を置いて、音の変化や物が動く様子を
　　見て楽しむ。**

援助Point ピアノの蓋、鍵盤の蓋で手を挟んだり、潜る時は頭を
ぶつけたりしないよう、安全面に十分配慮して行いま
しょう。
蓋のはずし方も知っている方は、外した状態で行って
ください。
※安全面を考え複数人の先生が必要です。

その3 **マリンバ（木琴）編** （パイプが付いていない木琴は①ができません。）

① マリンバの下に潜り、仰向けになって観察する。

> 下からマリンバのパイプを見ると、パイプが空洞になっているものと、塞がっているものがあります。

② 自由に演奏したり、聴いたりして音の違いを感じる。

③ マリンバとビブラフォン（鉄琴）の違いを確かめる。

> 高い音や低い音、音の響きの違いなどを感じることができます。

④ **グリッサンド**で演奏する。

> 低い音から高い音までマレットを滑らせます。また、その反対もする。

〈**グリッサンド** P107参照〉

応用編 保育現場にある楽器では大きさとして、子どもの体より小さい楽器、大きい楽器の２種類の分類分けができ、素材は皮（太鼓類・タンバリン等）、木（木琴類・カスタネット・クラベス等）、鉄（鉄琴類・鈴・トライアングル等）の大体３種類の分類分けができます（ピアノ・キーボード等電子楽器を除く）。
様々な楽器に触れ、素材や形の大きさによる音色の違いや構造などを調べてみましょう。

★ **注意してほしいこと**
....
● 楽器はメンテナンスをしっかりしていないとこのような遊びはできません。
　（錆付いていたり、曲がっていたりすると、パーツが急に折れる危険性があります。楽器も大切な環境の１つです。メンテナンスをしっかりしておきましょう。）
● 耳を楽器に近づけすぎた状態で大きな音を出さないよう気をつけましょう。
● 外したネジやパーツなどを無くさないよう気をつけ、ネジやパーツの戻し方を事前に調べておきましょう（楽器のボルトやネジの締め忘れで壊れる、部品が落ちて怪我をするなどの恐れもあります）。

ぶらぽん

どんなあそび？
音楽に合わせて体を揺らし（**トリル**の表現）、心を開放的にする（緊張を解きほぐす）遊びです。
この遊びは生活習慣の動作から始まりますので、音楽に対して苦手意識を感じている子どもも取り組みやすいでしょう。
音楽は心と体が柔軟であれば、より表現豊かになります。
音楽遊びの導入に、このような遊びを取り入れてみましょう。〈**トリル** P108 参照〉

音楽的なねらい

- ⭐ 心と体を解きほぐす
- ⭐ 音に反応して体を動かす
- ⭐ トリルを体や楽器を用いて表現する

準備物

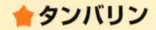

- ⭐ **ピアノ**
- ⭐ **タンバリン**
- ⭐ 必要に応じてその他楽器（**鈴**など）

あそびのポイント

"手洗い"は家庭をはじめ、保育現場でも子どもが毎日必ず行っているでしょう。
この毎日の習慣の動きから遊びが始まり、音楽的表現へと移行します。

習慣の動きはイメージがもちやすいので、乳児から幼児まで幅広く展開ができます。
「みんな手はきれいかな？」「ゴシゴシあらうよ〜」など、手洗いのごっこ遊びから始めてみましょう。

導入 手洗いのイメージが持てる活動をする。
例えば、生活習慣（手洗いうがいなど）の絵本を読む。また健康診断、養護教諭の健康指導の後に遊びを始めてもいいでしょう。

Step 1 ごしごしと手のひらを両手で擦り、先生は急に「あたま」と言い瞬時に頭を触る（子どもも動きと声を真似る）。

1 こんな言葉掛けで行ってみてはいかがでしょうか。
先生「みんな外あそびから帰ってきたけど、手は洗ってきた〜?? もう1回先生と一緒に手を洗ってみよう」
「ごしごしごし〜……」（言葉と動きを合わせて）
（急に）「あたま!!」（言葉と動きを合わせて）
「あれ？ あたまに急にくっついちゃったよ。みんなもまねっこ上手だね。もう1回いくよ〜」
「ごしごしごし〜……」「あたま」

ごしごしごし〜

あたま!!

2 手を洗う'ごしごし'は充分に楽しめるように初めは長めに行い、全員ができてきたら次は短く、長くなど、動作の時間を変えて楽しみましょう。

Step 2 Step1 の「あたま」の部分を変化させ、様々な体の部位を先生の声に合わせて触る。
（「ごしごしごし〜・・・」▶「ほっぺ」「あたま」「おなか」「おしり」など）

おしり！

子どもたちはいつも元気いっぱいですよね。
遊びが楽しくなると、動きもダイナミックになっていきます。しかし体を触る部分では、ダイナミックな動きのまま、思わず自分の体を勢いよく叩いてしまう子どもがいます。
そんな時は一言「叩かず、触ろうね」と声を掛けてあげ、自分の体も大切にするよう伝えます。

ひろせんせいな…

Step 3　手を洗う'ごしごし'の動作を、水をはらう'ぶらぶら'の動作に変え、 **Step 1** **Step 2** 同様の遊びをする。

 **Step 1** の援助ポイント同様、生活と密着した会話で行ってください。
「今度はぶらぶらをして、手に付いている水をはらってみよう〜」など

ぶらぶら
ぶら〜

ほっぺ！

Step 4

① 先生はタンバリンで **トレモロ** 演奏を行い、音が鳴っている間
子どもは'ぶらぶら'の動作をする。

② 急に1回だけタンバリンを鳴らし、その後すぐ触る体の部位を
伝える（ここからは先生の声の後に子どもが体の部位を触ります）。

Step 4 からは先生が楽器を持っているため、子どもは先生の動きを真似るのでは
なく、音に反応して体を動かします。
また、触る場所も先生は動きの見本を見せられないので、どこに触るか子ども
自身がしっかり聞いて反応する力が必要となります。
Step 3 までの遊びをしっかり行ってから **Step 4** に移行してください。

〈**トレモロ** 下記※1及び P108 参照〉

① シャラシャラシャラ〜　② ぱん！　③ おなか！

※1 **トレモロ**
タンバリンを縦
にもち、揺らし
てベルを鳴らす

年中、年長クラスは先生役を子どもがしています。
トレモロ演奏ができて、遊び方を覚えたら先
生役を子どもが行う遊びに変化します。
先生役もどんどん交代して遊ぶことで、1人
で人前に立つことの恥ずかしさや、楽器演奏
の緊張感も無くなりますよ。

ひろせんせいは…

 **Step 5** 先生がピアノでトリルの音を弾き、子どもは体全身を揺らす動作を行う（トリルを体で表現する）。

和音の後に先生が体の部位を伝え、子どもは聞いた体の部位を素早く触る。

〈**和音** P108 参照〉

援助 Point 全身を揺らすために、まず手（腕）、足、おしりなど部位ごとに揺らす動作を行い、全身へ移行します。

繰り返して遊びましょう

 **応用編** ❶ **ひっかけ問題で遊ぶ**（先生が触る体の部位と**言葉**を変えてみる）。

先生が「あたま」と言っても、先生はおなかや膝など言葉と別の部位を触ってみましょう。子どもは動きにつられず触れるか楽しむ遊びです。

肘と膝で変えて遊ぶと面白いですよ。
（肘といいながら膝を触り、その反対も行う）
初めは難しいですが、耳が育つとよく聞いて楽しんでいます。

2 どこを触るのか伝える役は子どもが行う。

1人で前に立つことや、言葉を発するタイミングをはかること、みんなに聞こえる声の大きさはどのくらいにしたらいいのかなど、様々な力が養われます。

3 'ぶらぶら' の動作（トリル）のピアノを急に止めたり、始めたりする。

ピアノが流れたら動く、止まったら動きが止まるという遊びをします。これは**即時反応**〈下記参照〉と言い、音をよく聴いて反応する力が養われます。

4 'ぶらぶら' の動作を鈴で行い、応用編**3**を行う。

5 鈴で **Step5** をする。

鈴をピアノがトリルする部分で**トレモロ**〈下記イラスト参照〉演奏します。
その後、先生が体の部位を言います。
言われた体の部位に鈴をくっつけて遊ぶことができます。

手首を左右に振る
（または、ドアノブ
を回すような手首
の動きで）

即時反応とは
音楽を瞬時に聴いて、その変化に反応することを言います。
本書では音を聴いて音に合わせた動きをし、音が止まったら動きも
止まるという即時反応的な活動をいくつかの遊びに取り入れていま
す（このような動きをして止まる、という流れの遊びはゴー・ストッ
プまたはストップ＆ゴーなどと言われたりもします）。
スイスの音楽教育家・作曲家であったエミール＝ジャック＝ダルク
ローズが考案したリトミックでは、即時反応はとても重要な活動と
して多く用いられており、聴くから反応するという音楽活動の基本
が身につくだけでなく、集中力や反応力、注意力なども養われると
言われています。

音といろいろいろあそび

どんなあそび？

音楽を形に表す遊びです。
皆さんは、音楽を聴いているとついついリズムにのって体を揺らすことはありませんか？ 音楽は動きを誘発します。子どもたちも、速い音を聴くと走りたくなったり、跳ねている音を聴くとジャンプしたくなったりするでしょう。
そんな音楽の特徴を活かして、音楽を描く活動へ展開します。
すると、あっという間に芸術家に大変身！ 曲は『カルメン』組曲から用いていますが、テレビなどではお馴染みの曲ですので、先生たちも安心して取り組めます。

音楽的なねらい

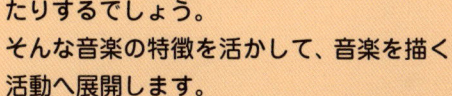

- ★ **リズム**や**メロディー**の円運動を感じる
- ★ **拍**を感じて、身体や形で表現する
- ★ 音楽の変わり目を感じる
  〈**リズム**／**メロディー**／**拍** P108 参照〉

準備物

- ★ **ジョーゼットスカーフ**
  （他のスカーフでも構いませんが、上記のスカーフはスカーフの動きがしっかりと出るため適しています）
- ★ **画用紙**（年齢に合った大きさ1人1枚）
  及び画用紙の下に敷く、新聞紙やビニールシート（汚れ防止のもの）
- ★ **クレヨン**（1人1セット）
- ★ **CD ラジカセ**（音がこもらないラジカセ）
- ★ **CD**（ジョルジュ・ビゼー作曲
  『カルメン』第1組曲よりV. 前奏曲）

あそびのポイント

この遊びでは音楽を聴き、音の形（円、線、点）を瞬時に捉えながらその日、その時間にある感情、気持ちで選んだ色や形の大きさなどを描く※**瞬間芸術**的表現活動を行います。

子どもの感情や気持ちを受け止めるためにも、「こうやって描く」「お友達をみる」「こうやって持つ」など不必要な援助は省き、'描く形'「ぐるぐる・シュッシュッ」など音の形を声で表し援助します。
すると、徐々に音楽の形と、子どもの感じた表現が合わさっていき、遊びがより

充実します。また音楽を身体全身で表したり、見える形に表したりして楽しむことは音楽の楽しさ面白さをより感じられることでしょう。色々な表現方法を子どもと一緒に楽しんでください。

※瞬間芸術
音楽や舞台、演劇は全く同じ表現を繰り返すことが難しく、その時、その瞬間でしか聴く、見ることができない瞬間芸術などと言われます。

〈ポイントその２〉
音楽を聴いて思ったこと、考えたことを描くのではなく、音楽の形を感じて、音の形を描くのがポイントです。
先生ご自身でも音楽の形を意識して一度描いてみてください。

〈ポイントその３〉
音の形はクレヨンで描きますが、絵の具を用いて筆で描いても楽しいと思います。
しかし、絵の具は途中でかすれてしまいます。音楽は始めから終了まで、止まることなく流れていますので、かすれることなく書き続けられるクレヨン（クレパスでも）が理想的です。また、音楽を聴いて、描いていくうちに、ついつい力が入っていきます。
細いサイズではなく折れにくい太めのクレヨンが理想的でしょう。

| 導入 | ① | 円や点などの形に、興味を持つ活動をする。 |

（絵本や身近な環境にある円や点などを見つけて遊びましょう）

〈例〉絵本を用いる場合、このような絵本を参考に
『いっしょにあそぼ しましまぐるぐる』
作 柏原 晃夫
学習研究社

② クレヨンを使って自由に描く活動をする。
（事前に様々な描く活動を行うと、戸惑いがなく安心して活動に取り組めます）

Step 1

① スカーフの端をもち、ひらひらしたり、ぐるぐるしたりして自由にスカーフを動かして遊ぶ。

※以下楽譜に描かれている形も参考にして遊んでください。

② ビゼー作曲『カルメン』第1組曲より Ⅴ. 前奏曲のＣＤを聴きながらジョーゼットスカーフを用いて、**旋律**部分を‘ぐるぐる’‘しゅっしゅっ’‘てんてん’で表現する。〈メロディー（旋律）P108 参照〉

ぐるぐる

1拍で1回‘ぐる’

⬇ このメロディーが流れたら

‘ぐるぐる’ ▶ スカーフを廻し、円を描くイメージでスカーフを動かす。

発展編 円の一番低い部分に拍感を感じながらスカーフを動かしてみましょう。

しゅっしゅっ

2拍で1回‘しゅっ’

⬇ このメロディーが流れたら

‘しゅっしゅっ’ ▶ スカーフを上下、左右、斜め、好きな方向へまっすぐに動かし、1本線を描くイメージでスカーフを動かす。

発展編 一定方向ではなく、色々な方向へ動かし、膝を曲げて伸ばす動作も入れながら動かすとより音楽的な動きになります。

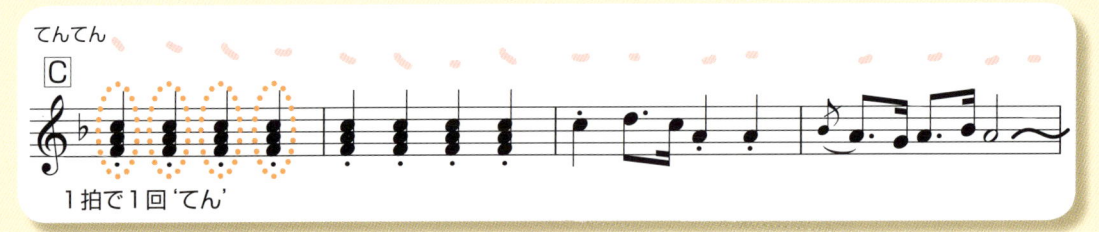

てんてん

| C |

1拍で1回 'てん'

↓ このメロディーが流れたら

'てんてん' ▶ スカーフを上下に、点を打つイメージで拍に
合わせてスカーフを動かす。

スカーフで
点を打って
みるよ〜

発展編 トランポリンで飛んでいるイメージで
スカーフを動かしてみるとより音楽的
な動きになります。

援助
Point

1 Step1 ではスカーフ、Step2 以降ではクレヨンで表現をします。
動きや形は、先生が音楽で感じた動きや形に変化させても構いませんが
Step1 と Step2 の形は統一しましょう。

2 楽譜は参考に3段載せています。これは1段ごとに音楽の変わり目部分を
楽譜で示しています。
曲は、楽譜左上アルファベット（リハーサルマーク）A→B→A→C→A
という流れでできています。
一度聴いて確認してみましょう。

3 ＣＤの選び方についてですが、今回は以下のＣＤを紹介します。
ビゼー：組曲『アルルの女』第1、第2組曲 『カルメン』組曲より
小澤征爾 指揮／フランス国立管弦楽団
より 9 『カルメン』第1組曲よりV. 前奏曲
発売元 ワーナーミュージック・ジャパン WPCS-23026
音楽は指揮者や演奏家によって表現が大きく変わります。
例えばポップスでもカバー曲などは声質やアレンジで印象が大きく違い
ます。
ですので、今まで実践してきた中で、子どもたちが描くことを考えたときに
速すぎず、遅すぎず、かつリズムが揺れすぎない演奏を選びました。
もちろんこのＣＤだけという訳ではないので、色々聴き比べ、聴いて良
かった指揮者、演奏家のＣＤを選んでください。

好きな色のクレヨンを選び、ピアノの音に合わせて、画用紙に 'てんてん'（点）'ぐるぐる'（円）'しゅっしゅっ'（線）を描く。

※下記楽譜参照

援助Point

最初に先生が声とクレヨンで描き方をみせます（「てん・てん・・・」と言いながら画用紙にクレヨンで点を打つ）。

その時に、'てん・てん' は ※**スタッカート**、'しゅっ・しゅっ' は勢いよく表現しましょう。声と動きが連動することで、視覚、聴覚2つの感覚から刺激され、子どもの理解が深まります。

子どもが「やってみたい！」と思えるように先生がどのように示したらいいのか '演出' も大切にしてください。

※**スタッカート** 音楽用語で短く演奏すること。短く"てん"を打つイメージで。

音を描いてみよう

※何回か繰り返して（同じ形を）遊びが充分に楽しめるようにしてください。
　途中でいきなりピアノを止めて、描いているクレヨンも止まれるかの遊びに応用することもできます。　　　　　　　　　　　　　　　　　　　　　　〈**即時反応** P22 参照〉

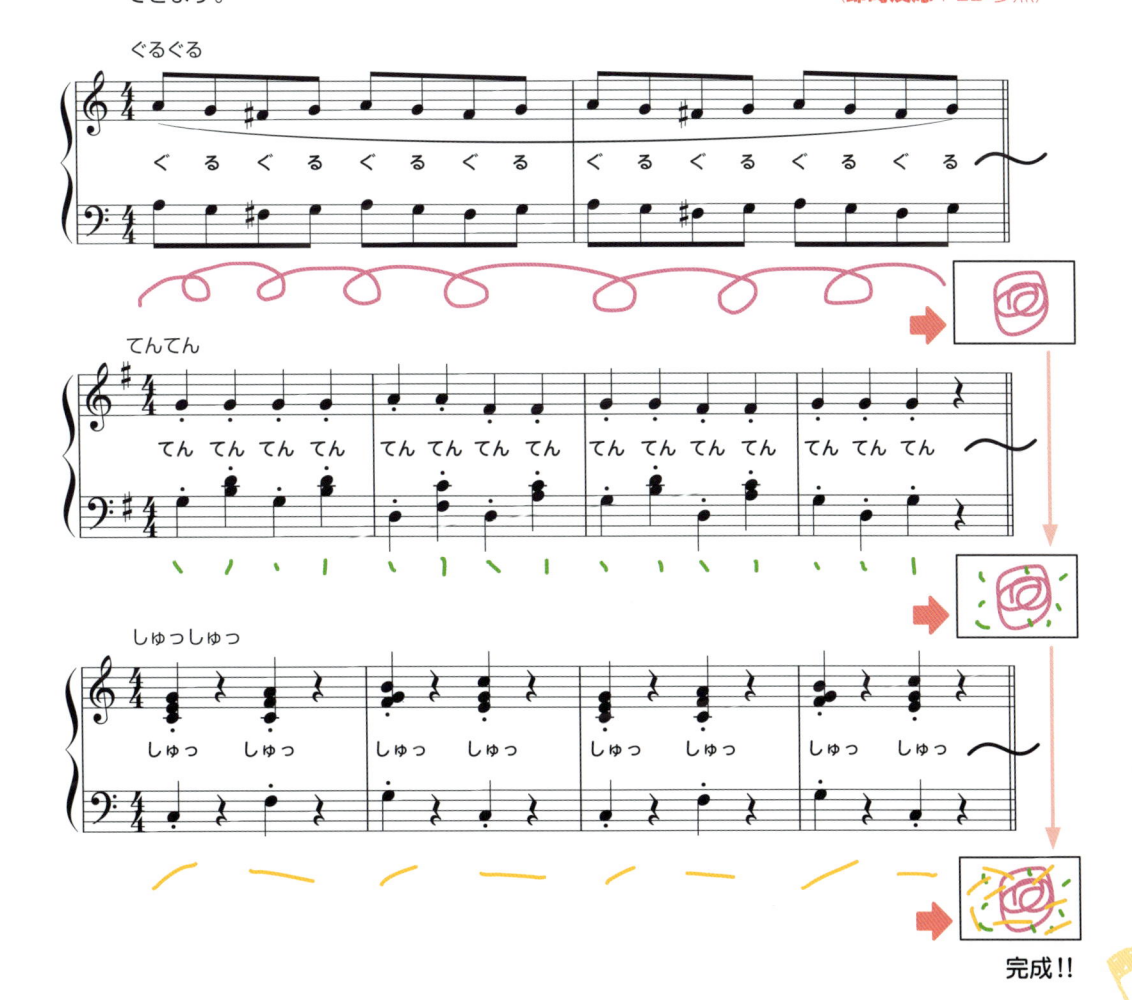

完成！！

クレヨンピンポンで待つ時間も楽しんでいます。
クレヨンの活動がまだ慣れていない時など、子どもは早く描きたいという気持ちが強く、ピアノの音を聴く前に描きだしてしまいます。好きなクレヨンをとったら、一度「何色にしたの〜？ 見せて〜？」など声を掛け、先生のクレヨンと子どものクレヨンの先を合わせて「ピンポーン」と声を掛けながら待つことを遊びに展開しています。
子ども同士でもできるので、待つことも遊びの1つと捉えると子どもも先生も楽しめますよ。

ひろせんせいは…

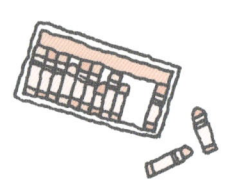

ピンポーン

いろいろな
'てんてん' と 'ぐるぐる' と
'しゅっしゅっ' があるね

すご〜い！

ちょっと他の遊びを紹介

絵画、造形の中の♪音を探そう

みどり むらさき

今回、音を形にする遊びを本書で紹介していますが、絵画、造形活動の中にも音楽的なものがあふれています。例えば…

1 絵の具の筆
筆を体に見立てて、動きを作ります。縦に筆が動くとき筆先がどのように動いているか観察し体の動きで表現してみます。そこにどんな音が生まれてくるのか考えて、音を声で表し音作りを子どもたちとします。

2 色の言葉
色に興味を示したら、色の言葉でリズム遊びができます。遊び方は本書「好きなくだものなぁに？（P86）」の遊びをご覧ください。くだものの言葉でリズム遊びをしますが、言葉を色の名前に変化するだけです。

3 廃材を楽器に見立てて
例えば使い終わったティッシュの箱と箱を合わせて音を鳴らしリズムを奏でます。
その音より高音が鳴りそうな廃材（例えば空缶）とより低音が鳴りそうな廃材（例えば木材）を使い1つの廃材につき1つのリズムを作り繰り返しましょう。そのリズムを3つ合わせるとあっという間にリズム**アンサンブル**ができます。
（**リズムパターン**は本書の色々な遊びに書かれていますが、子どもたちと作れたらいいですね。）

〈**アンサンブル** P107 参照／**リズムパターン** P108 参照〉

Step 3 『カルメン』第1組曲よりV. 前奏曲をCDで聴き、音の形を画用紙に描く。※  〈P25-26〉の動きをクレヨンで表して描きます。

1 環境構成はビニールシートを敷いて、その上に画用紙を置いて描きます。画用紙全面を使ってダイナミックに描けるように環境を整えた上で行ってください。

2 Step1 Step2 で音の形をスカーフやクレヨンで表現しているので、そのまま曲に流してスタートしてもいいですし、一度先生が音楽に合わせて描いて見せてもいいでしょう。

子どもには'てんてん'（点）'ぐるぐる'（円）'しゅっしゅっ'（線）の3つの描き方があることだけ伝えます。

先に音楽を聴かせて、「この音楽が流れたらこうするよ」などの説明は止めましょう。

この遊びは、描き方を教えるのではなく、音の形を感じたまま描く遊びです。何かを描こうとするものではないので、子ども1人ひとり全く違った作品が完成します。

よっちゃん　まだだよ〜

音楽を聴いて描いてね

最後にみんなで見せ合い、会話をします。
1人ひとりみんなが異なった面白い表現を認め合う活動を最後にしています。

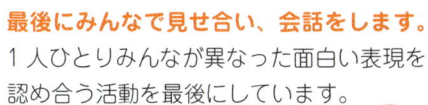

ひろせんせいは…

楽器の持ち方・構え方

本書や保育現場で用いることが多い楽器の持ち方や構え方を紹介します。

> **ポイント** バチを用いる楽器は楽器の高さ、体との距離も写真で確認してみましょう。

楽器本来の奏法（持ち方、鳴らし方）は楽曲や楽器の大きさ、奏者によって異なることがあります。

本書では、筆者が実践していく中で、子どもが扱いにくい楽器は変化させ、子どもが持ちやすい、鳴らしやすい持ち方を紹介します。

楽器を初めて触るとき、危険が伴わなければ、子どもが考えた色々な持ち方、構え方で遊びましょう。
その後に、楽器の心地よい音色を子どもたちと探し持ち方、構え方を援助していきましょう。
但し、木製のギロやマラカスなど中が空洞になっている楽器は強くぶつけると割れる可能性がありますのでご注意ください。

先生がまず、心地よい音色やきれいな音を探し、どう構えてどのように演奏すると子どもに無理なくできるか試してみましょう（教材研究をする）。

協力：岡本 有喜子（打楽器奏者・音楽講師）

カスタネット

中指の第二関節より奥にゴムを入れ、肘を直角に曲げたイメージで構えます。
鳴らし方は写真のように、指先で弾くイメージで演奏するときれいな音色が聞こえてきます。
カスタネットはトップとボトム（写真の赤と青の部分）が開きすぎても、閉まりすぎても音が定まりません。購入時は正しい状態で開いていますので、それを写真で取り、メンテナンス時に確認するといいでしょう。
（ゴムではなく、紐調整のカスタネットは、随時開きを調整しながら行います。）

タンバリン

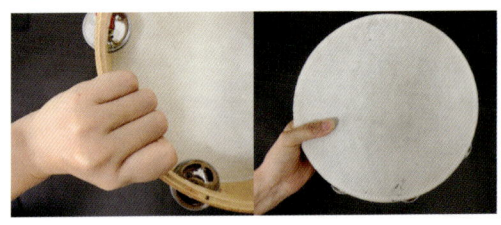

タンバリンのベルが無い場所（穴が付いている部分）を握り、皮部分に親指をのせます。
トレモロの演奏は（揺らしながらベル部分を鳴らす）縦持ち、叩く演奏は横持ちがお勧めです。
ベル部分が取れたり壊れたりしている場合は音色が変わりますのでメンテナンスをしましょう。
〈**トレモロ** P108 参照〉

鈴

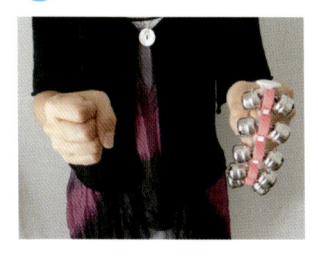

コップを持つように、鈴のグリップ部分を持つと持ちやすいでしょう。構え方は肘を直角に曲げたイメージで、鈴を持っていない手はジャンケンの'グー'を縦にした状態です。鳴らし方は、両手の'グー'を重ねるイメージです。

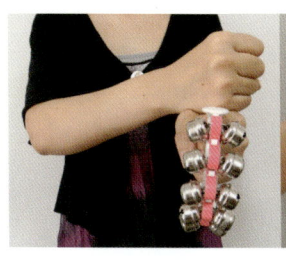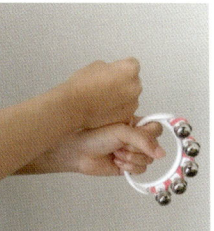

トライアングル

体の胸の前辺りにトライアングルがくるように構えます。写真のトライアングルはコンサートトライアングルで、小さくてもよく響きます。

鳴らした時に'ぐるぐる'と回ってしまうトライアングルは指を入れた状態で、指とトライアングル本体の距離を短くして持つと回りにくくなります。

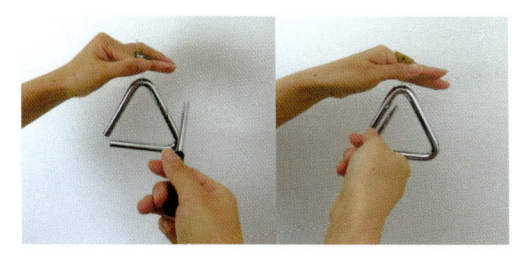

鳴らし方は写真のように、三角形がつながっていない部分の反対側の辺の真ん中で鳴らすとバランスのいい高い音が出ます（底辺の真ん中を鳴らす奏法でも構いません）。

小太鼓（スネアドラム）

バチはハの字に構えます。バチの持ち方やスタンドの高さは写真を見ながら確認しましょう。

Q&A 小太鼓の音量について

小太鼓の音量が大きすぎる場合は、太鼓やバチの種類でも変化しますが、バチの先端に布やガーゼを巻いてもいいですし、小太鼓の上にフェルトなどを敷いて演奏すると音が弱まります。

皮は専用の付属の器具を使い張りを調整します。調整は大太鼓の方法と同じです。小太鼓は上から押さえた時、わずかに皮が沈むくらい'ピン'と張ります。

大太鼓（バスドラム）

曲によって響きをおさえる場合は、手で触りながら叩いて演奏します。

左下の写真のように大太鼓の向きを変えて斜めに置くと、演奏しやすくなります。但しスタンドや、大太鼓の種類によってはこのようにセッティングすることができません。

皮の締め方緩め方は本書「音の探検隊（P16）」に書かれていますが、皮を張りすぎると音が高くなり大太鼓の重い音がでません。ドンと低い音が聞こえるよう調整してください。

Q&A 響きをおさえるとき？

ポップス（又はリズミカルな曲）を演奏する場合は、手でおさえて響きを止めるとポップスらしい拍感で演奏することができます。〈拍 P108 参照〉

ウッドブロック

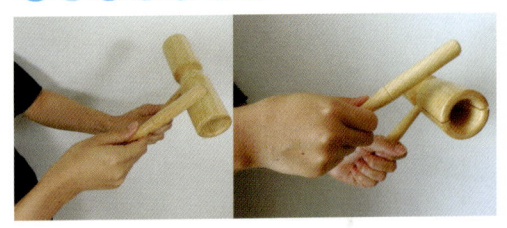

表側裏側の確認は、楽器を写真のように持ったときに楽器の上部の割れ目が見えないのが正しい持ち方で表側です。
バチは太い先端の方で打ち演奏します。

Q&A バチ？マレット？

バチは叩く道具の総称です。
本書では、鍵盤打楽器（木琴・鉄琴など）用のものはマレットと表現しています。
バチはよく保育現場で使うものとして
① マレット（木琴・鉄琴・大太鼓などのバチ）
② スティック（小太鼓などのバチ）
③ ビーター（トライアングルなどのバチ）
の3種類があります。
合わせて、木琴はマリンバ、シロフォンなどの総称、鉄琴はビブラフォン、グロッケンなどの総称です。

カウベル

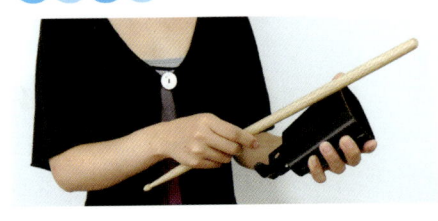

太鼓のバチを反対に持ち、楽器のベルの先をバチで叩いて演奏します。カウベルは楽器をしっかり持ちコーン・コーンという音ではなく、バチを押し当てるイメージでコッ・コッというような音を出すように演奏します。

シェイカー

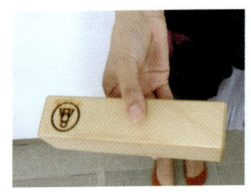

親指と他の指でシェイカーを挟み、上下に振り演奏します。

アゴゴベル

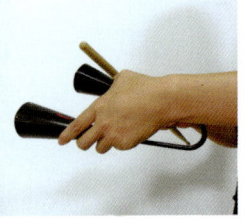

写真のように2個のベルを挟んで持ち、バチを反対向きにして持ち、叩いて演奏をします。

本書の「仲良しアゴゴベル（P42）」では響きのある音で遊ぶため、右記写真のように持ってください。

コンガ・ボンゴ

コンガ

ボンゴ

演奏する時の楽器の高さ、身体の距離は写真を参考にしましょう。
（肘を曲げ、肘の位置と楽器の打面を比べたとき、肘の位置が少し高くなると演奏しやすいです。
踏み台やスタンドを用いて調整しましょう。）
手で直接叩き演奏する楽器も、子どもの手の大きさでは音量が小さくなったり、叩いているうちに手が痛くなったりします。
その場合はバチ（先端が柔らかい素材のもの）を用いて演奏するといいでしょう。

サスペンデッドシンバル
（スタンドシンバル）

〈写真1〉　　　　　〈写真2〉

よく使われるクラッシュシンバル（2枚を合わせて演奏するシンバル）が重い、持ちにくい場合はサスペンデッドシンバルを用いると簡単です。
1つの音を鳴らす場合は〈写真1〉のように。
ロール（トレモロ）の奏法もサスペンデッドシンバルだと簡単です。〈写真2〉のように構え左右交互に連打します。
ロールは木琴で使う毛糸などのマレットを使用しましょう。

ギロ・マラカス

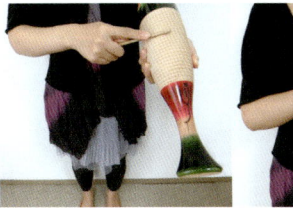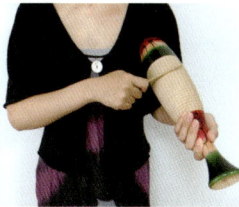

ギロ

写真のように、楽器を上下に擦り（押さえつけながら）演奏します。楽器が大きくて手で支えきれない場合は脇部分に押さえつけて支えてください。

マラカス

左右交互に又は一緒に揺らし演奏します。「シャカ・シャカ」ではなく「チャッ・チャッ」と音が鳴るイメージです。
持ち方は写真のどちらの持ち方でも構いません。

バチ類の選び方

バチはものによって長さや形が異なり、使用する楽器や用途によって決めていきます。
以下の点を参考にバチを選びましょう。

（ 本書で用いている楽器を中心に紹介します
　楽器の持ち方・構え方（P30）と合わせてご覧ください ）

**バチ選び
共通の
ポイント**

基本は子どもが扱いやすく、音の響きもしっかりと出る物を選びましょう。
▶ バチが原因で子どもが演奏しにくく拍にのれない場合があります。どのようなバチを使用しているか一度見直してみましょう。

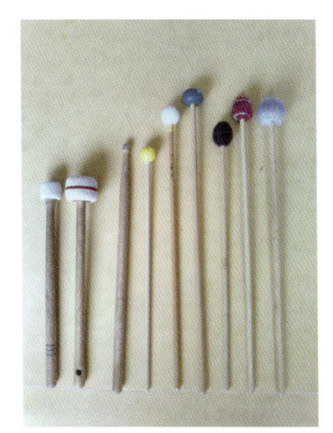

保育現場にあった色々な種類のバチ

※本書では木琴、鉄琴の音板を全て分かりやすく鍵盤と表記しています。

バチその1　　**スティック**〈使う楽器〉**小太鼓、アゴゴベル、カウベル、ハイハット、サスペンデッドシンバル**など

バチを選ぶポイント ● 子どもが持ちやすいものが市販されていますのでそれを用いるといいでしょう（概ね35cm以下の物が適しています）。
小太鼓の音量調整が難しい場合（音が大きすぎる場合）バチその3で紹介するものを使用して音量のバランスを確認しましょう。

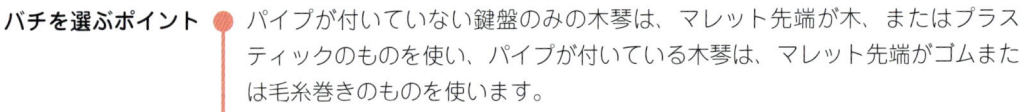

バチを選ぶポイント

パイプが付いていない鍵盤のみの木琴は、マレット先端が木、またはプラスティックのものを使い、パイプが付いている木琴は、マレット先端がゴムまたは毛糸巻きのものを使います。

4オクターブ以上の木琴（マリンバ）は、低音部〜高音部それぞれでマレットを使い分けると、いい音色が響きます。1本だけでももちろん演奏できますが、低音部で硬めのマレット（先端がゴム）を使うと鍵盤が割れる可能性があります。ご注意ください。

なお、マレットにはハード（硬）、ミディアムハード（中硬）、ソフト（軟）をはじめ数多くのものがあります。使い分けをする場合、楽器専門カタログを参考に打楽器奏者や打楽器専門店の方など専門家に適切なものを聞き、マレットを選びましょう。

グロッケンやパイプが付いていない鍵盤のみの鉄琴は、マレット先端が鉄、またはプラスティックのものを使い、パイプが付いている鉄琴（ビブラフォン）はマレット先端がゴム、または樹脂でできたものを使います。
糸巻きの場合は硬めの糸巻きで演奏します。

マレットは先端の硬さで音量や音色が変化します。
子どもの演奏を聴き、心地よい音が鳴る丁度いい硬さのものを選択してください。マレットの長さが子どもには長すぎて演奏しにくい場合、下から数センチ切って持ってみましょう（但し、切った断面で怪我をしないようテープなどで止めてください）。
※本書では木琴、鉄琴のバチは、"マレット"という言葉で表現しています。

〈**オクターブ** P107 参照〉

バチその3　**マレット②**〈使う楽器〉**大太鼓、コンガ、ボンゴ**など

バチを選ぶポイント

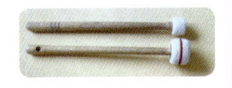

先端に丸みのある、クッションが付いているバチを使います。先端の大きさや硬さは子どもが演奏する音を聴き、心地よい音量、音色がするバチを試しながら選びましょう。バチは演奏する人や楽曲によって異なります。
（楽器の持ち方・構え方 P32 の写真で使用しているボンゴ・コンガのバチはおよそ 27cm の物です）

その他のバチ

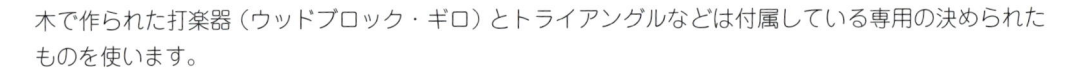

木で作られた打楽器（ウッドブロック・ギロ）とトライアングルなどは付属している専用の決められたものを使います。

ワンポイントアドバイス

演奏する楽曲に合わせてバチを選んでみよう

合奏をする時、楽曲に合わせてバチ類を選択しましょう。
バラード曲のようなスローで優しい雰囲気の曲に硬めのバチを選択すると、跳ねるような音になり、曲の雰囲気に合わなくなってしまいます。
また、軽快で元気のよい曲にやわらかいバチを選択すると、打音がはっきり聞こえず、リズミカルな演奏ができません。曲調に合わせたバチの選択も大切です。

タッチしよう

 **どんなあそび？**

子どもと先生が手と手を合わせ、タッチでコミュニケーションを取ることから始まる**リズム**遊びです。
遊び方を変えれば、先生と子どもだけでなく、子ども同士のコミュニケーションも促進されます。

大好きな先生といつタッチできるか、ワクワクしながら、お友達の様子を見たり、音を聴いたり・・・どんどんやりたい気持ちが増していくでしょう。
さらに、タッチができたら、手に楽器をのせるだけで簡単で楽しい楽器遊びに変化します。

〈**リズム** P108 参照〉

タッチ！

音楽的なねらい

- **拍**を感じる（タイミングをはかってリズムを取る）
- **ソリ**と**トゥッティー**で楽器を演奏する
  〈**ソリ** P107 参照〉　〈**拍／トゥッティー** P108 参照〉

準備物

- **タンバリン**
  鈴・カスタネット（Step4 P40 〜）
- **ピアノ**

あそびのポイント

この遊びは、先生が子ども1人ひとりにタッチしている様子が他の子どもにもよく見える環境構成を設定しましょう。
このようにすることで、誰から始まって誰で終わるのか分かりますし、いつになったら自分の所へ先生が来てくれるのか分かるため、'待つこと'も楽しくなります。
また、簡単な動作（タッチ）に歌をつけるだけで、音楽的な部分（拍や強弱）も自然と覚えられる遊びに変身します。
この遊びをヒントに、簡単な動作や生活習慣で、音楽遊びを考えてみてはいかがでしょうか。

導入 先生は「先生とタッチ！」と言いながら、子ども1人ずつと手を合わせて、コミュニケーションをはかる。
※みんなが見える環境構成で行います。

先生とタッチ！

半円で行っています。
子どもも安心して活動に取り組めます。

ひろせんせいは…

応用編 タッチの方法を変化してコミュニケーションをはかる。
（上、下、右、左、などの変化を付けます）
※この応用編は子どもが反応しやすいように、椅子に座って行うと楽しめます。

タッチ！

タッチ！

タッチ！

タッチ！

 **Step 1** 先生が拍にのりながら「タッチしよう」と歌い、4拍目で子どもと
手を合わせる。
※楽譜下記参照

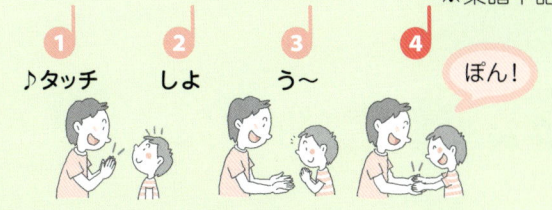

1・2・3拍目で歌い
4拍目で子どもと手合わ
せをします。歌は拍にの
りながら（リズミカルに）
歌いますが、手の差し出
し方は3拍目にそっと手を子どもの前に出してください。すると子どもはタイ
ミングが取りやすく、4拍目にしっかり手を合わせられます。

また、慣れてきたら、導入部分のように順番に子どもとタッチするのではなく、
次は誰とタッチするか分からないよう、ランダム移動して子どもの前に行って
みましょう。
子どもはいつ自分の所に来てくれるのかワクワクしながら待つことができます。

2人の先生で行う場合は、1人が伴奏、1人がタッチをする役で遊んでください。
1人の先生だけで行う場合は、**アカペラ**（ピアノ伴奏は行わず歌だけうたう）
で行ってもいいですし、慣れてきたら、タッチをする先生役を子どもが行い、
先生は歌をうたいながら、ピアノで伴奏を付けてもいいでしょう。
歌は、同じ歌詞の繰り返しなので、覚えてきたら自然と子どもが歌いだします。

※伴奏楽譜 **Step 2** (P39) 参照 〈**アカペラ** P107 参照〉

タッチしよう
〜先生1人で行う場合は以下を繰り返して遊ぶこともできます〜

●**メロディー**を付ける場合

↓（手を差し出すタイミング）

タッ　チ　し　ょ　う

↑（子どもがタッチするタイミング）

●**リズム**だけの場合

↓（手を差し出すタイミング）

タッ　チ　し　ょ　う

↑（子どもがタッチするタイミング）

〈**メロディー／リズム** P108 参照〉

♪ふふふふ ふん ふん タッチしよう〜

1人で行う時、ピアノは弾けないので間奏や前奏を鼻歌で入れています。

保育現場は幼児クラスの場合、1人担任といった環境が多いですよね。

そんな時は、間奏と前奏を即興的に鼻歌で作って行うか、分からない、難しい、と思う方は楽譜（**Step 2** 参照）の、間奏、前奏部分を鼻歌で歌ってみれば簡単に楽譜の形式に沿った形で遊びができますよ。

また、前奏を入れることでどれほどの速さなのか、どの調で歌うのかが分かりますので、子どもも歌いやすくなります。

〈**間奏／前奏／調** P107 参照〉

ひろせんせいな…

Step 2 先生がタンバリンを持ち、♪歌『タッチしよう』に合わせて、4拍目に子どもがタンバリンを1回叩いて演奏する。

※楽譜次ページ参照

どこで演奏するのか言葉で指示したり、子どもの手を持って叩かせたりしないで、音楽を感じてタンバリンが演奏できるようにします。そのためにも先生は、**Step 1** の援助ポイント同様に拍にのりながら3拍目でそっとタンバリンを差し出してください。このようにすると、4拍目が分かりやすく子どもの手もすっと伸びて演奏が簡単にできます。

先生が2人いる場合、1人はピアノ、1人がタンバリンを持って伴奏に合わせて行うことができますし、タンバリンを持つ先生役を子どもが行っても楽しめます。間奏部分で先生役も交換して、遊びを発展させてください。

今度はタンバリンにタッチできるかな？

① ♪タッチ ② しよ ③ う〜 ④ トン！

タッチしよう

山地 寛和

※楽譜の間奏部分は、長さやメロディーを弾きやすく
変えて演奏しても構いません（本書で紹介している
他楽譜も同様に）。

Step2 の遊びに強弱（ *f* または *p* ）を付ける。 〈 *f* ／ *p* P109 参照〉

f の場合、先生のピアノ伴奏と歌声も大きくし、*p* の場合は先生のピアノ伴奏と歌声を小さくすることで、子どもが自然と *f* と *p* を感じてタンバリンの音を表現するでしょう。

また、*f* の時はどのようにしたら大きな音になるのか、*p* の時はどのようにしたら小さな音になるのか子どもに問いかけても面白いです。

（例 *f* は手をいっぱい広げて演奏してみる *p* は1本指で演奏してみる など）

 **Step3 全員が楽器を持ち、♪歌『タッチしよう』に合わせて演奏する。**
※楽譜 Step2 （P39）参照

 Step1 から遊びを行っていくと、子どもだけで歌を歌いながら4拍目のタイミングをはかって演奏することができると思います。難しい場合は、**アカペラ** で先生も一緒に楽器を持ちながら遊んでみましょう。

また、楽器の種類は年齢や経験に応じて決めてください。

例えば楽器経験が少ない子どもであれば、タンバリンのように手で触れればすぐ音が鳴る楽器がいいでしょう。

 楽器の経験を重ねている子どもであれば、バチ類を用いて演奏する楽器でチャレンジしてみましょう。 〈**アカペラ** P107 参照〉

 **Step4 ♪歌『タッチしよう』の歌詞「タッチしよう」の部分を「タンバリンさん」「スーズさん」「カスタネットさん」と変化させ、歌で呼ばれた3つの楽器それぞれが、演奏をする。**
※3つの楽器全部が演奏する時は「タッチしよう」か「みなさん」

※楽譜 Step2 （P39）参照

 楽器の持ち方は P30 を参照の上行ってください。

楽器は Step3 援助ポイント同様、変えて頂いても構いません。

また、Step2 の応用編も合わせて行うと、遊びがどんどん発展していきます。

 他にもどのように表現（ *f* *p* 以外に）を付けて楽器を演奏したいか、子どもに問いかけながら遊べば、より表現活動が広がるでしょう。

Step 5 楽器ごとに1人から2人がピアノの横に立ち、楽器を演奏する子ども、お客さん役の子どもに分かれ '発表会ごっこ' をする。

（クラスの人数に合わせて人数を変更してください）

♪タンバリンさん〜

色々な遊びで '発表会ごっこ' を取り入れて遊んでいます。

発表会は誰もが緊張すると思います。

そんな時は '発表会ごっこ' をして、人前で演奏する楽しさを味わってもらいます。

また、普段から友達の演奏を聴き合い、互いに上手だったと認め合うことで友達の良さを知る経験へとつながりますよ。

ひろせんせいは…

乳児クラスや親子ではこんな「タッチしよう」ができました。

パペットにタッチ

お母さんとタッチしよう

仲良しアゴゴベル

どんな あそび？

楽器の音の高低を用いて友達とのコミュニケーションを促進する遊びです。

保育生活において、友達との関わりはとても大切なことです。みんなと共に過ごすことで、自分や友達の良さを知り、社会性を養います。

しかし、子ども同士の関わりで悩んでいる先生も多いのではないでしょうか。

そんな時はアゴゴベル1つでできるこの遊びで、楽しく色々な友達と関われるよう援助してみましょう。

コミュニケーションをはかることが楽しくなれば、一緒に遊ぶこともより楽しくなります。

'アゴゴベル' の扱い方は P32 をご覧ください
（通常と少し違う持ち方をします）。

音楽的なねらい

- 音の高低の変化を感じる
- 歩く、止まる、手合わせなど身体を通して**拍**や**拍子**を感じる
- 様々な**リズムパターン**を楽しむ
〈**拍／拍子／リズムパターン** P108 参照〉

準備物

- **アゴゴベル**

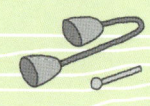

あそびの ポイント

この遊びは、ピアノを使わず遊べるので、ピアノが苦手な先生もすぐ実践できます。

今回は、1つの楽器で2つの音が出るアゴゴベルを用いていますが、無ければ他の2音出る楽器を使用しても構いません（ウッドブロックなど）。

但し、2音の音の違いで楽しむ遊びなので、2音の違いがはっきり分かる楽器を選びましょう。

また、音楽の力でコミュニケーションをはかる遊びですが、最初のうちは目と目を合わせないコミュニケーションで遊びます。コミュニケーションを取ることが少し苦手な子どもも一緒に楽しく遊べます。

導入 アゴゴベルに興味を持つ。

アゴゴベルがどんな素材でできているか、どんな音色が鳴るのか、どうやって演奏するのか、どんな形かなどを調べたり、知ったりする活動を通じて、興味を深めていく。

Step 1 先生はアゴゴベルの2つの音をそれぞれ1回ずつ演奏し、その音を子どもが擬音語で表現する。

 援助 Point

聴こえ方は子どもによって様々です。

子ども全員の擬音語表現が正解です。

色々出てきた擬音語をみんなで共有すると面白いです。例えば、「Aくんは、カン・コンって聴こえたみたいだけど、みんなも同じように聴こえるか、みんなでもう一度聴いてみよう」と言葉を掛けると、他の子どもも自分の聴こえ方について周りに理解してほしいという気持ちになり、色々な擬音語表現が出るでしょう。

どんなふうに
きこえたかな？

高　低

カン コン！

コン ゴン！

キン コン！

**Step 2** 音当てクイズをする。

※**拍・拍子**（$\frac{4}{4}$）の解説は P108 をご覧ください。

① アゴゴベルの高い音、低い音それぞれの擬音語を決める。

② 先生が 2 つの音を使い、ゆっくりの速さで 3 拍分（$\frac{4}{4}$ で 4 分音符 3 つ）の**リズム**を打ち、子どもは聴こえたリズムを擬音語で答える。

援助 Point
初めは簡単なリズム（全て 4 分音符がいいでしょう）で全員が理解できるまで何回か同じリズムを繰り返します。
子どもの様子をみて、慣れてきたら下記の<u>リズム例</u>を参考にしてリズムに変化をつけましょう。
繰り返し行うと、楽器と擬音語の**コール＆レスポンス**のリズム合奏が完成します。
〈**リズム** P108 参照／**コール＆レスポンス** P107 参照〉

リズム例

1 つの音を '**カン**' とした場合、4 分音符は "**カン**" で、8 分音符は 2 文字の言葉の半分 '**カ**' にします。

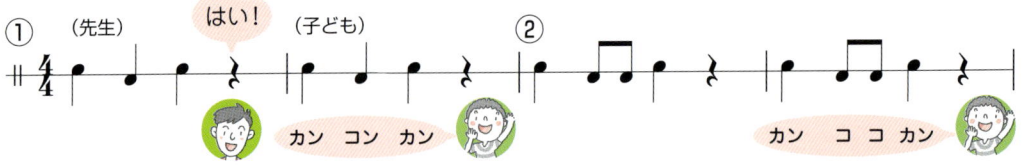

初めは、休符部分で「はい！」と先生の声を入れると子どもはタイミングを取りやすくなります。

※①ができるようになったら②へ、②ができたら③→④とステップアップしていくといいでしょう。

 **応用編** 慣れてきたら7拍（2小節分）のリズムにもチャレンジしてみましょう。繰り返し取り組んでいるうちに、リズムへの反応がどんどん早くなっていきます。**テンポ**も少しずつ速くして、様々なリズムで遊んでみましょう。

〈**テンポ** P107 参照〉

リズム例②

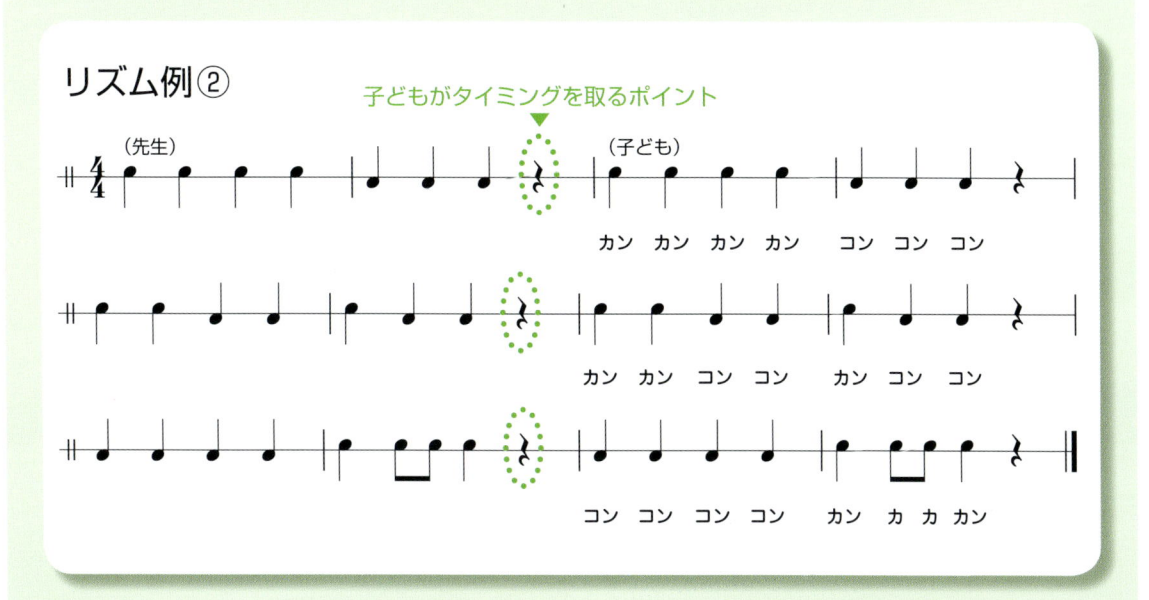

はい！

先生の疑問ポイント

$\frac{4}{4}$ の1小節は4分音符が4ついるのに、なんで3つ分のリズムなの？？

4拍目は子どもがタイミングをはかるポイントだからです。

先生が演奏したリズムを返す遊びなので、4拍目もリズムを入れてしてしまうと、子どもはリズムを返すタイミングが取りにくくなります。

応用編の7拍もそうです。8拍目がタイミングをはかるポイントなので8拍目は休符にしています。

但し、遊びが慣れてきたら、4拍目のリズムを入れてチャレンジしてみてください。

 **Step 3** アゴゴベルの低い音を一定の拍（♩をずっと繰り返す）で鳴らし、拍に合わせて子どもは好きな方向へ歩く。高い音に変わったら近くの人と2人組になり肩を並べて（合わせて）歩く。

（環境構成は人数に合わせて広さを設定しましょう）

援助Point

1 Step4 以降の遊びにつなげるためにはまず、拍をしっかり感じて歩くことが大切なポイントです。最初は一定の速度でアゴゴベルを演奏し、拍を感じながら1人で歩けているか確認しましょう。

また、肩を並べて歩く時は2人組と示していますが、人数を変化させても構いません（3人、4人、5人で並んで歩いて遊ぶ）。

遊んでいるうちに、「次は3人でやってみたい！」といった意見も出ると思いますので、子ども発信で遊びを工夫してください。

2 ペアがなかなか作れない子どもへは、先生が楽器を打ちながら一緒に肩を並べて歩くようにすると、安心して遊びに加われます。アゴゴベルは手に持って移動できる楽器なので、先生も一緒に遊びを楽しめます。

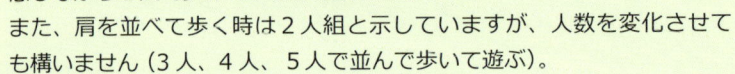

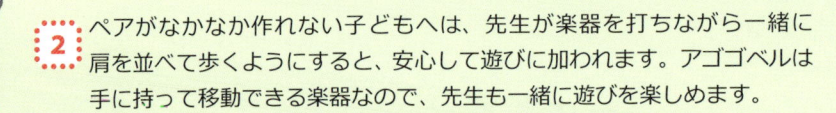

決断する力を養いましょう。

歩く時、習性的に一方の方向に回りながら歩いてしまうことが多いです。そうすると同じペアばかりになってしまうので、自由にバラバラで歩くよう援助しています。

具体的には、歩き出す前にどこに向かって歩いて進んでいくか声を掛け、方向を子どもたちに決めてもらいます。

その方向に体を向けて歩き始めるとバラバラに歩けます。

また、肩だけでなく、他にくっつけて歩ける体の部位を子どもに問いかけながら、行っても楽しいですよ。

こっち　あっち　むこう

ひろせんせいは…

ぼくたちは
手をつなごう

おなか

わたしたちは
かたをぴたっ

Step 4

アゴゴベルの低い音を一定の拍（ ♩ をずっと繰り返す）で鳴らし、拍に合わせて好きな方向へ歩く。高い音に変わったら近くの人と2人組になり、拍にのりながら手合わせをする。
（手合わせの時は歩かず、手合わせのみ）

1人→2人組→1人→2人組・・・と沢山の友達とコミュニケーションが取れるよう繰り返し遊びます（人数は3人、4人組でも可能です）。
アゴゴベルを演奏する速度も変化していくと楽しいです。
例えばなかなか2人組が作れない場合は、1人で歩く時にアゴゴベルの速度を少し速くして動きを活発にすると積極的に2人組を作ろうとする気持ちが生まれます。
色々なバリエーションで楽しんでください。

アゴゴベルを鳴らしながら子どもが手合わせでリズムを取っている下をくぐり抜け移動し歩きます。
そうすることで、先生も一緒に遊びを楽しんでいることが子どもに伝わり、気持ちを共有できますよ。

ひろせんせいは…

Step 5

① 2人組向かい合わせで座る（  の2人組の流れで）。

② アゴゴベルの低い音を一定の拍（♩をずっと繰り返す）で鳴らし、拍に合わせて手拍子をする。高い音に変わったら2人組で、拍にのりながら手合わせをする。

③ 下記のリズムパターン例を参考に、アゴゴベルで1つのリズムパターンを繰り返して演奏する。そのリズムパターンが分かった2人組から手拍子と手合わせで遊ぶ。
（リズムパターンは先生が考えたものでも構いません）

援助 Point

1 高い音の時、低い音の時の遊び方を、全員が理解した上で行ってください。初めはリズムパターンを聴いて、判断して、手を叩いて、というのは難しく感じますが、少しずつ友達と協力しながら、試して、考えていくといった工夫が見受けられるでしょう。

2 子どもがリズムパターンを理解して繰り返しできるようになってきたら、新しいパターンを打つようにします。
急なパターンの変化は、遊びながら聴く力が養われ、色々なリズムができた達成感も味わえます。
例えば、リズムパターン1を繰り返して、急に2や3に変化して遊びます。

リズムパターン例

正座で行うようにしています。背筋がピンと伸びるので、手合わせした際に、バランスを崩して後ろに転がることがありません。
他にも、"手拍子→手合わせ"だけでなく、高い音で手合わせ　低い音は自分のホッペなど、組み合わせをどのようにしたいか、子どもに問いかけながら遊んでも楽しいですよ。

応用編

1 Step5 に強弱の表現を入れて行う。アゴゴベルを小さい音で演奏し、低い小さい音は自分の人差し指と人差し指を合わせ、高い小さい音の時は、2人組で人差し指を合わせる（大きな音は手を大きく広げて動きもダイナミックに）。

指合わせは速い速度にすると難しいため、遅めのテンポで行ってください。

2 Step5 を楽器で行う。
例 ①アゴゴベルの高い音が聴こえたら鈴を持っている子どもが演奏する。
　　②低い音に変わったらカスタネットを持っている子どもが演奏をする。

シャンシャンシャン

ひろせんせい より

時間をかけて遊びを深めていきましょう。

「仲良しアゴゴベル」の遊びは、リズムパターンを聴いて、感じて自分や友達と一緒に試しながら遊んでいくものです。
リズムは複雑にせず、紹介したリズムパターン例を参考に、初めは同じリズムをずっと繰り返して遊んでください。
また、リズムが急に変わるタイミングも早く気付く子どももいれば、時間がかかる子どももいますので、見守りながらゆっくり時間をかけ、遊びを深めていきましょう。

アゴゴベルも役割交代しています。

この遊びは、ずっと先生がアゴゴベルを持っていますが、年長クラスなどでは子どもがアゴゴベルを持ち、リズムも考えた上で先生役をしてもらいます。
先生役はアゴゴベルのリズムをみんなに分かりやすく伝えられるか考える必要があるので、'自分の気持ちを友達に伝え、考えを共有する'一歩としても効果的に感じています。

こんな楽器を取り入れてみてはいかがでしょうか？
～オルフ楽器の木琴紹介～ 〈その１〉

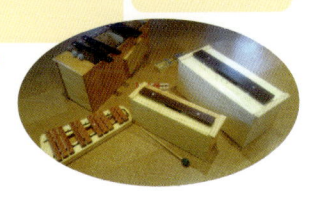

保育現場の木琴といえば、鍵盤のみのあまり響きを感じない木琴と、鍵盤の下にパイプがついている大型のもの（マリンバ）が中心であると思います。

まず鍵盤のみの木琴の利点はコンパクトであるため持ち運びに便利であり、保育室でも使用ができます。

欠点としては響きがあまり無いため、音がよく聞こえないということです。

次にパイプがある大きい木琴は、利点として音が良く響き木琴らしい音がしっかり出ることです。

欠点としては大きすぎて置き場所に困ったり、日々の保育で簡単に使うことができなかったりすることです。

ではどのような木琴を選んだらいいのでしょうか。

私たちはそんな時、**オルフ楽器**※1の木琴を１つの候補としておすすめします。

⭐ オルフ楽器の木琴の利点

❶ 木で作られた共鳴箱の上に鍵盤が乗っていて、美しい音色がする。

▶ 美しい響きを感じることで音の心地よさを感じたり、音を奏でたいという気持ちが生まれたりします。

❷ 丈夫な上、軽量コンパクトなので持ち運びがしやすく、子どもが扱いやすい。

▶ 好きなところで遊べるので、日々の保育で実践できます。

❸ 鍵盤の取り外しが可能で必要な音だけで演奏できる。

▶ 必要な音だけを残すことで、子どもも覚えることが少なく、迷わないで鍵盤を演奏できます。

❹ 木琴を挟んで向かい合わせになり二人で演奏を楽しむことができる。

▶ 先生や友達とコミュニケーションを取りながら演奏できますし、音を交互に鳴らして音の会話遊びができます。

⭐ オルフ楽器の木琴の種類

オルフ研究所※2にも置かれている、スタジオ49社製のオルフ楽器の木琴でみると**ソプラノシロフォン・アルトシロフォン・バスシロフォン・ペンタトニックシロフォン**と**リゾネーターバー**（ソプラノ・アルト・バス・コントラバス）があります。

ペンタトニック以外のシロフォンは鍵盤が取り外

リゾネーターバー

し可能で、リゾネーターバーは1音（単音）だけを共鳴箱に乗せた楽器でコントラバスのリゾネーターバーは深い重みのある音が出ます。

また、鍵盤の幅が広いので、簡単にねらいを定めて演奏することができます。

各種木琴を揃えると様々な音域が揃うので木琴アンサンブルができます。

他にもオルフ楽器の鍵盤を取り外せる楽器としてメタルフォン、グロッケンシュピール（共に鉄琴）などもあり、鍵盤楽器以外にも数多くのオルフ楽器があります。

楽器は**スタジオ49**をはじめ**ソナー**、日本では**鈴木楽器**、**こうろぎ**などから鍵盤をはずせる木琴、鉄琴が販売されています。

スタジオ49、ソナー、こうろぎの楽器類

※1 オルフ楽器とは、カール・オルフ（Carl Orff 1895～1982 ドイツを代表する作曲家、音楽教育家）が考案した楽器です。カール・オルフやオルフ音楽教育について詳しく知りたい方は
- オルフ・シュールヴェルクの研究と実践
  日本オルフ音楽教育研究会　朝日出版社
- オルフ・シュールベルク理論とその実際
  星野圭朗　全音楽譜出版社
- 音楽教育メソードの比較 コダーイ、ダルクローズ、オルフ、CM
  Ｌ.チョクシー他　板野和彦翻訳　全音楽譜出版社
などをご覧ください。
※2 オーストリア・ザルツブルクにオルフ研究所があります。（モーツァルテウム）
※音板を鍵盤表記にしています。

こんな楽器を取り入れてみてはいかがでしょうか？〈その２〉～オルフ楽器の木琴紹介～（P68）に続く

1.2.3.4 de はいタッチ

> はい タッチ！

どんな あそび？

拍感を感じながら色々な友達と関わりを楽しむ音楽遊びです。

まず2人組から遊びはスタートし、楽器を用いて3人組、大人数へと展開され、コミュニケーションを深めていきます。

歌いながら拍感を感じていきますが、歌詞も1つのフレーズの繰り返しなので簡単です。

さらに発展すれば楽器**アンサンブル**へとつながります。

〈**拍** P108 参照／**アンサンブル** P107 参照〉

音楽的なねらい

- 拍を感じる（8拍の**フレーズ**を様々な形で表現する）
- タイミングをはかり**リズム**を表現する
- バチを使って演奏する楽器に親しむ

〈**フレーズ** ／**リズム** P108 参照〉

準備物

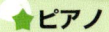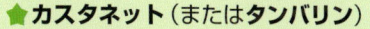

- **ピアノ**
- **カスタネット**（または**タンバリン**）
- **ウッドブロック、トライアングル**（Step8 P58）
- **コンガ、ボンゴ、サスペンデッドシンバル**（Step9 P58）

あそびの ポイント

この遊びは、子どもたちが先生の模倣（まねっこ）をすることから始まります。子どもが「やってみたい！楽しそう！」と思えるように、先生は動きを示してください。

また、最初は友達と2人組で遊びを深めていきます。音楽に対して消極的な子どもも、色々な友達に関わることで、助けられながら遊びに参加できます。友達との関わり合いという点にも注目して遊びを行ってください。

導入 ① 子ども1人と先生で2人組になり見本を見せる。先生は「いただきます」と言いながら自分の手を合わせ、子どもは模倣（真似）をする。

② (1)先生は「はい、タッチ」と言いながら、子どもの前に両手を差し出し、先生と子どもが手合わせをする。

いただきます

はい タッチ!

(2)繰り返し行い、次に「はい、タッチ」の「チ」のタイミングで手を合わして行う。

③ 子ども同士で2人組のペアを作り①②を行う（言葉も言いながら、動きを付ける）。

いただきます

はい タッチ!

援助Point 'はいタッチ'（手合わせ）のタイミングですが、'タッ'の言葉で手を差し出すと、'チ'の部分で手合わせが簡単にできます。
言葉で説明をせず、先生の動きを真似して楽しみましょう。

タッ　　チ!

Step 1 先生の以下の言葉と動きを子どもは見たり聴いたりしながら、2人組で先生の真似（※同時模倣）をする。

※同時模倣
見ながら同時に真似すること

 1 2の 3 4で はい タッ チ

8拍のフレーズを繰り返して遊ぶ

←------------------- 手拍子 ------------------→ チで
手合わせ

援助Point

1 導入同様、先生も子どもと2人組になった上で言葉と動きの見本を見せましょう。
その方が、見たり聴いたりしている子どもが真似しやすくなります。
まず拍感（リズム感）を感じられるような適度な速さを心がけ、最初は少しゆっくりなテンポで行ってください。

2 模倣といってもじっと見て覚えてから行う子ども、すぐにチャレンジしてみる子ども、言葉から真似する子ども、色々な様子が伺えます。
遊びに参加していない子どもを無理矢理参加させるのではなく、まずは自分自身で考えている様子なのか、友達と協力している様子なのかなどを先生が見極め、必要に応じて援助しましょう。

〈テンポ P107 参照〉

2人組だけでなく…

この遊びも含め、色々な遊びで2人組を作る場面が出てきます。絶対に2人組という決まりはないので、場面に応じた人数で遊んでください。

この遊びは言葉の説明を省き、先生の言葉や動きを見て子どもたちが能動的に模倣できるようにしています。
'言葉による説明からの遊び'だけでなく、'まず模倣してみる遊び'（見て・聴いて・感じて）の楽しさも味わってみてはいかがでしょうか？

ひろせんせいは…

Step 2 ピアノの伴奏に合わせて Step1 を行い、**間奏**の間に２人組のペアを交代する。

〈**間奏** P107 参照〉

援助Point 楽譜を参照の上、歌が終わったところで、ペアが交代することを伝えましょう（「お友達とバイバイ〜」など）。

初めのうちは、間奏の間で新しい２人組を作ることが難しいかもしれません。

そのような場合は、間奏部分で先生は一度ピアノから離れ、新しい友達を見つけられるよう、一緒に動き、時に言葉を掛けながら援助していきます。

慣れてきたら子どもたちだけで行います。

この遊びを通して沢山の友達と関われるようにしましょう。

1・2・3・4de はいタッチ

山地 寛和

※１回の繰り返しではなく、何回も繰り返して遊んでみましょう。 Step3 以降も伴奏に合わせて遊びます。

ピアノの間奏のテンポ（速度）を、速くしたり、遅くしたりする変化を付けて遊んでいます。テンポを速くすると2人組を早く作ろうとしますので、積極的に友達と関わることができ、日ごろ関わりの少ない友達同士で遊ぶことができます。

ひろせんせいは…

Step 3 座った状態でカスタネットを左手につけ、歌いながら、膝とカスタネットで演奏する。

※伴奏楽譜 Step 2 （P54）参照

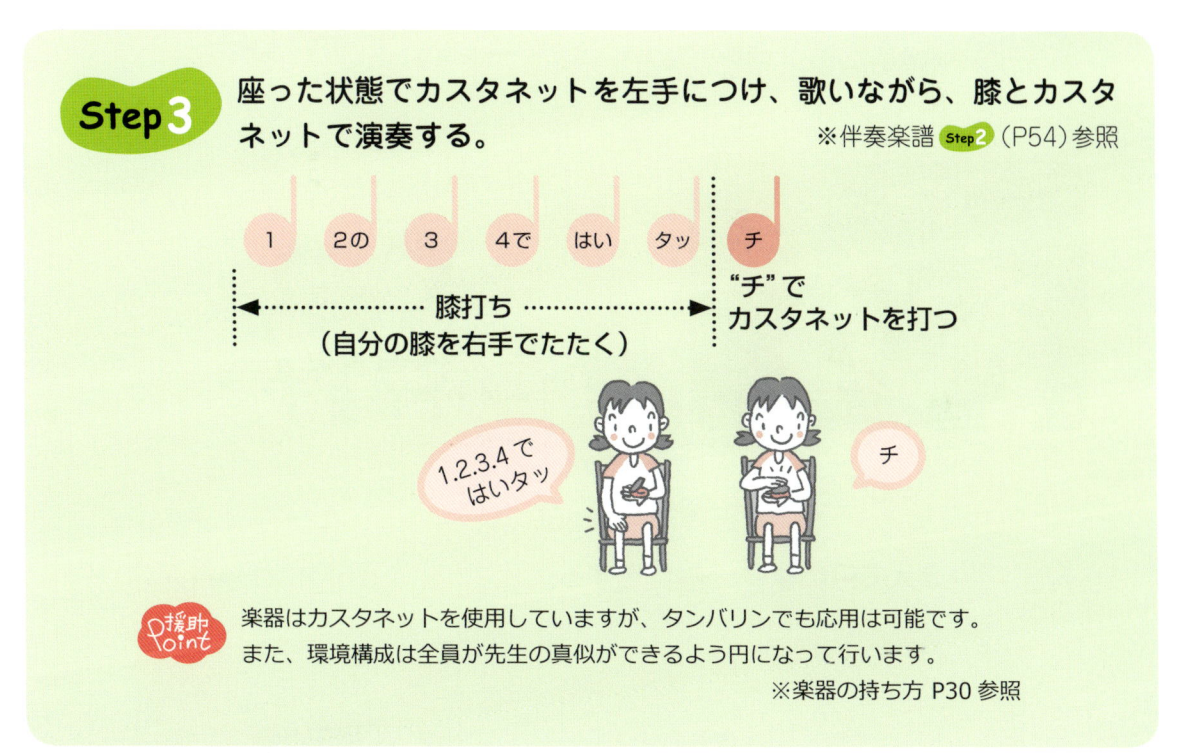

| 1 | 2の | 3 | 4で | はい | タッ | チ |

膝打ち
（自分の膝を右手でたたく）

"チ"で
カスタネットを打つ

1.2.3.4で
はいタッ

チ

援助 Point 楽器はカスタネットを使用していますが、タンバリンでも応用は可能です。また、環境構成は全員が先生の真似ができるよう円になって行います。

※楽器の持ち方 P30 参照

こうやって
したらいいよね？

Step 4　左手にカスタネットをつけ、2人組で向かい合わせになり、歌いながら自分のカスタネットと友達のカスタネットを演奏する。

※伴奏楽譜 Step2（P54）参照

| 1 | 2の | 3 | 4で | はい | タッ | チ |

◀┈┈┈┈ 自分の
カスタネットで演奏 ┈┈┈▶ "チ"で友達の
カスタネットを演奏

 援助Point
ここでは友達とコミュニケーションを取りながら楽器を演奏します。手に付けた自分のカスタネットをどのように持ったら自分も友達もカスタネットが演奏しやすいか、子どもたちに問いかけてください。
自分だけでなく、相手のことも考えながら一緒に演奏を楽しみましょう。

♪12の34ではいタッチ

Step 5　3人で円になり、Step4 をする。

※伴奏楽譜 Step2（P54）参照

| 1 | 2の | 3 | 4で | はい | タッ | チ |

◀┈┈┈┈ 自分の
カスタネットで演奏 ┈┈┈▶ "チ"で右隣りの
カスタネットを演奏

援助Point　Step4 の 援助Point を参考にしてください。

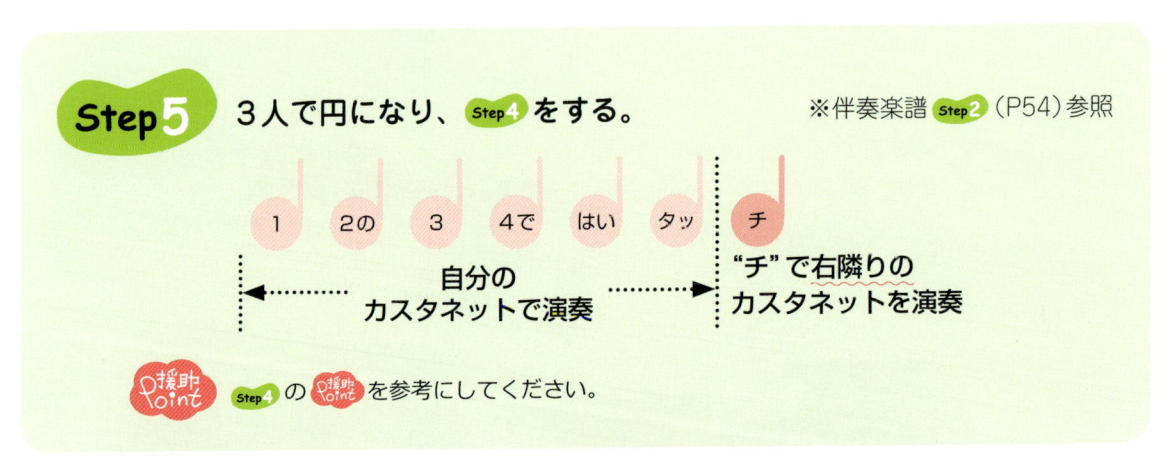

5人組に
チャレンジ！
タンバリンでも！

 **Step6** 全員で円になり、Step5 をする。　※伴奏楽譜 Step2（P54）参照

 援助 Point
みんなで行う一体感が味わえます。どのようにしたら気持ちが合った演奏が
できるのか問いかけながら遊びましょう。

Step7 全員で円になり、歌いながら膝、自分のカスタネット、右隣りのカスタ
ネットを用いて演奏する。　※伴奏楽譜 Step2（P54）参照

♩	♩	♩	♩	♩	♩	♩
1	2の	3	4で	はい	タッ	チ

← 膝打ち
自分の膝を右手でたたく →　自分
（カスタ）　右隣りの友達
（カスタ）

 援助 Point
Step7 は子どもたちのアイディアを用いてオリジナルの遊びを創作して遊んでみ
ましょう。
例えば、膝を叩く部分は自分のお腹にして、"タッ"の部分で右隣りの友達のカス
タネットを、'チ' で自分のカスタネットを演奏するなど沢山のアイディアが生ま
れそうです。
子どもたちと一緒に創作表現を楽しみましょう。

発展編　楽器アンサンブルへ

Step8　2人組になり、1人はウッドブロック、もう1人はトライアングルを持ち演奏する。

ウッドブロックとトライアングル

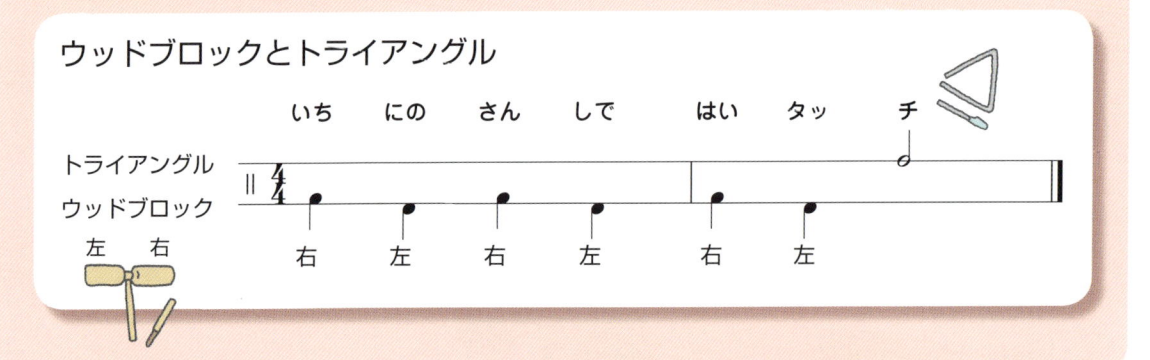

Step9　ボンゴ（またはコンガ）・サスペンデッドシンバル（スタンドシンバル）を使い、下記の写真を参考に、演奏する。

※1人で演奏しても、2人で分担しても良い。

ボンゴとサスペンデッドシンバル

ぎゅ・ぱん・ぴょん

♪おともだちと
　ぱんぱんぱん

どんなあそび？

友達と心を通わせながら音楽に合わせ握手、タッチ、ジャンプ色々な動きを楽しむ遊びです。

この遊びも2人組が基本なので、参観日や子育て支援の場面では保護者と一緒に遊ぶこともできます。

また、♩♩♩（3拍）のリズムを様々な形で表現しますので自然と拍感が身体に入ります。

楽器遊びへも簡単につなげることができるので、何回も繰り返して楽しみましょう。

〈拍／リズム P108 参照〉

音楽的なねらい

- 拍を感じる（3拍♩♩♩のリズムを体や楽器を通して表現する）
- タイミングをはかり、気持ちを合わせて演奏する
- ソロ、ソリ、トゥッティーで楽器を演奏する

〈ソロ・ソリ P107 参照／トゥッティー P108 参照〉

準備物

- ピアノ
- カスタネット・タンバリン・トライアングル・鈴
　など鍵盤以外の打楽器なら何でも良い（Step6 P65）

あそびのポイント

この遊びも、本書「1.2.3.4 de はいタッチ（P51）」の遊びと同様に、2人組で遊んでいきます。遊びを通して色々な友達と関わる楽しさを味わいましょう。

また、この遊びは‘動き’が沢山出てきます。テンポ（速度）に合わせて動きが付きますので、子どもの様子を見ながら、適切な速度の設定を行い充分動きを楽しめるようにしましょう。

「どんなあそび？」の中に示されているように、音楽的要素が多く含まれているということを先生も感じながら、一緒に楽しんでください。

〈テンポ P107 参照〉

 本書「タッチしよう（P35）」や「1.2.3.4deはいタッチ（P51）」などの遊びを通して、友達や先生と触れ合う楽しさを味わえる遊びをする。

 2人組で両手をつなぎ、歌に合わせて下記楽譜「ぎゅ〜」の歌詞部分でシェイクハンド（握った手を揺らす）をする。

 友達とコミュニケーションをはかることが目的なので、ピアノ伴奏を無くして遊んでも構いません。

※この遊びは両手をつなぐことが続きますので、左記イラストのつなぎ方をしっかりできるように援助しましょう。

仲良しの両手あくしゅ

山地　寛和

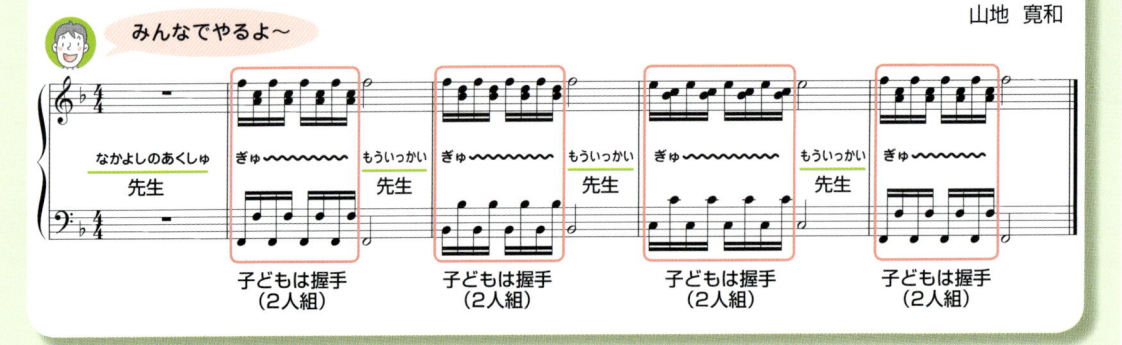

友達と楽しくコミュニケーションをはかれる言葉掛けの援助をしています。

緊張して友達とコミュニケーションをはかることが難しい子どもには「目をみて〜」「にっこりわらって〜」など一言、言葉で援助をします。

言葉1つで緊張感は解れ、主体的に友達とコミュニケーションがはかれるようになりますよ。

Step 2　※下記楽譜を参照に ①〜③ まで流れるように行う。

① 両手をつないだまま、リズミカルに'ぎゅぎゅぎゅ'（3拍）のリズムをとる（上下にリズムを取りながら揺らす）。

② 慣れてきたら先生の**アカペラ**の歌にのせて（「おともだちと〜」の歌詞を入れて）握手をし、繰り返し行う。

③ 子どもも一緒に歌いながら行う。

援助Point 見る・聞く・触れる・歌うといった多感覚を同時に使うよう心がけましょう。例えば、動作が入ると言葉がなくなったり、言葉に集中すると動きが小さくなったりしてしまいます。動作と歌を同時に行えるよう援助しましょう。

〈**アカペラ** P107 参照〉

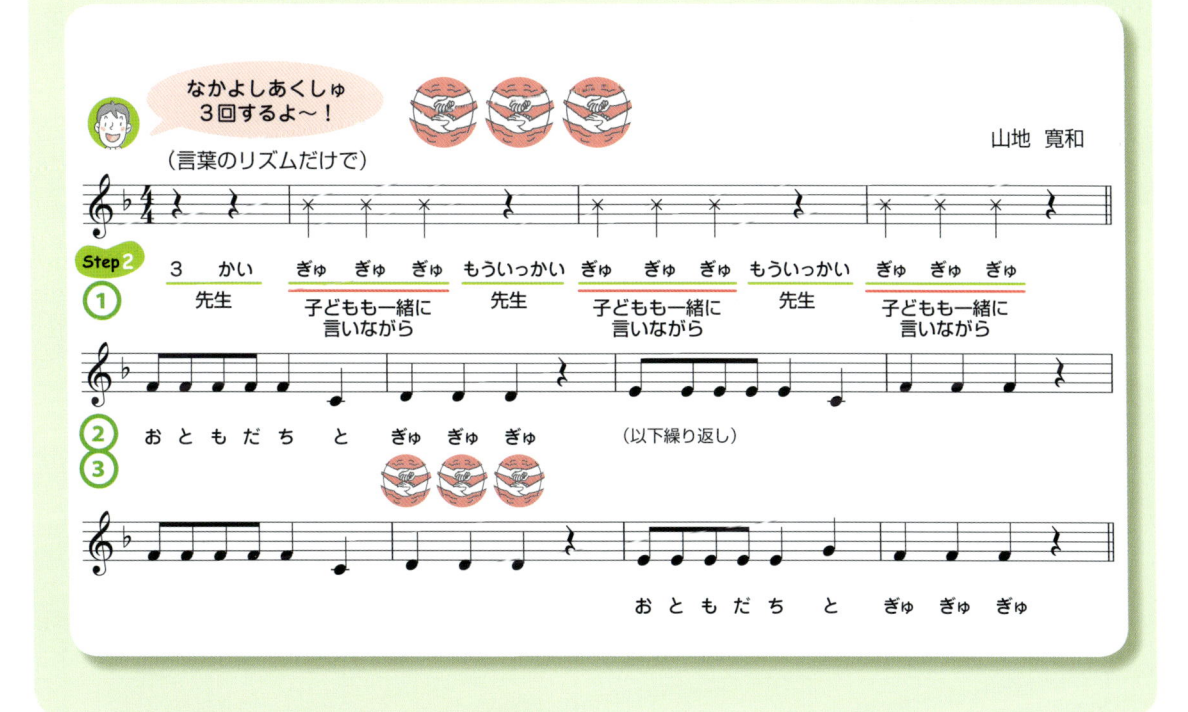

援助 Point

本書「1.2.3.4deはいタッチ（P51）」の遊びと同様に間奏で、ペアを交代します。
子どもたちが慣れるまでは間奏を繰り返し（もしくは即興的に長めに）弾いて
みましょう。
慣れてきたら間奏の長さを短くしたり、テンポを速くしたりして色々な友達と
関われるよう音楽で援助を行っていきます。　　　　　　　〈**間奏** P107 参照〉

※ 1回の繰り返しではなく、何回か繰り返して遊んでみましょう。

合図はピアノの音で出しています。
間奏から歌に戻る時は、慣れるまで「はじまるよ」や「さんはい」などタイミングを取れるよう、声を掛けてもいいですし、音楽の終わりと始まりを感じるために、声を掛けずピアノの合図（**前奏**が終わる終止感を感じ取ること）だけで入れるか試してもいいでしょう。
私は年長クラスの場合、ほとんど後者で行っています。　〈**前奏** P107 参照〉

ひろせんせいは…

♪おともだちと　ぎゅ　　　　　ぎゅ　　　　　ぎゅ

間奏で
ペアチェンジ

ひろせんせい　より

気持ちが合う瞬間！

音楽は〝気持ちが合うって楽しい！ 面白い！〟と感じられるコミュニケーションツールの１つです。
音楽に対して苦手意識がある子どもでも、遊びを連続して行うと段々とリズムが揃い、友達と気持ちが合っていきます。
そのリズムが合った瞬間、気持ちが合う心地よさを充分に感じられるはずです。
先生も一緒に子どもたちと音楽を通じて、心を通わせる心地よさを沢山感じてくださいね。

動きながら歌いながら！

本書では動きながら同時に歌をうたう活動が多くありますが、この遊びのように体の動きそのものを歌詞にすると、遊びながら自然と歌が覚えられます。
ですので、歌をうたっていく前の導入遊び（歌う楽しさ・心地よさを感じる）としても効果的です。
また、声を出しながら体を動かすといった２つ以上の感覚を同時に行っています。
遊びを通して様々な感覚を刺激し、身体を自由にコントロールする力も養われますね。

 **Step 4** を手合わせ・ジャンプ・指先などに変える。

※歌詞の例は下記イラスト参照

援助 Point

1 環境構成はジャンプをすることを考えて安全面に充分に配慮した場所で行ってください。

2 ジャンプはつま先でしなやかに飛べるよう、テンポを少しゆっくり目に設定し、子どものタイミングに合わせます。
また、指先の時はピアノ伴奏を1**オクターブ**上にし、さらに小さな音で弾くと動作と音楽が一致して表現豊かな活動となります。 〈**オクターブ** P107 参照〉

♪おともだちと
ぱん ぱん ぱん

♪おともだちと
ぴょん ぴょん ぴょん

♪おともだちと
ツン ツン ツン

子どもの発想や表現を大事にしています。
例えば、手合わせはパンパンパンと音が鳴ると思う子どもがいれば、トントントンや指先はチチチ、という言葉の表現をする子どもがいるでしょう。
「手合わせをしてみてどんな音がする？」など言葉掛けをして、子どもの感じた表現を歌詞にして変化していくと、遊びがより充実します。子どもたちは自分が考えた言葉が歌になったら嬉しいですし、積極的に遊びに関わっていくことができますよ。

Step 5 背中合わせになり、ピアノに合わせておしりとおしりを合わせる。
（歌詞は子どもに投げかけて、おしりの音を見つけてください）

援助 Point

顔が見えないので、タイミングを取ることが難しくなります。おしりとおしりを合わせることで、前のめりになって転んでしまうこともあります。安全面に気を付け、子どもの発達段階に応じて遊びをするかしないか判断しましょう。
また、どのようにしたらタイミングが合うか、子どもたちと対話を通して考えてもいいでしょう。

♪おともだちと
? ? ?

 **Step 6** カスタネット・タンバリン・トライアングルなどのチームに分かれ、歌詞に合わせて楽器を演奏する。
[ソリとトゥッティーで演奏] 〈**ソリ** P107 参照／**トゥッティー** P108 参照〉

 先生の言葉（うた）と子ども（楽器）の**コール & レスポンス**です。
先生が下記歌詞を参考に「タン　バ　リン　が」と呼べばタンバリンが3回（3拍）楽器を演奏します。音の歌詞（トントントン）などは言いながらでもいいですし、省いても構いません。
※楽器の持ち方 P30 参照　〈**コール & レスポンス** P107 参照〉

ぎゅ・ぱん・ぴょん（楽器バージョン）
※歌詞は変えても構いません

山地　寛和

1 楽器を変化させて遊ぶ。
カスタネット・タンバリンなどの小物楽器だけでなく、大太鼓や小太鼓なども
入れると音の違いがより明確に表れて合奏遊びになります。

2 応用編1ができたら '発表会ごっこ' をする。

環境構成を変えて、楽器演奏、お客さんチームに分かれ、楽器演奏チームは
ピアノの隣に立ちます。
演奏チームはみんなの前で演奏する楽しさを充分に味わうことができますし、
先生の歌声に合わせると、安心感を持って演奏できます。
舞台に立つことが慣れていない2歳児クラスや3歳児クラスは、この遊びを
発表会本番に用いてもいいでしょう。

Step7 Step6 を参考に、名前を呼ばれた子どもが1人ずつ演奏する。
[ソロで演奏] 〈**ソロ** P107 参照〉

例）「カスタネット」の歌詞の部分を ▶ 「○○ちゃん or くんが」
に変える。

1つの遊びを沢山のバリエーションで楽しみましょう。

音楽は経験の積み重ねが大切ですが、何度も同じ遊びは飽きてしまいます。

そんな時は1つの遊びを少しずつ変化させていきましょう。例えばこの遊びでも、3拍（♩♩♩）のリズムを様々なバリエーションに変化させ表現し遊びます。このようにすることで自然と無理なく3拍のリズムが身体に入っていきます。

苦手意識がある消極的な子どもも、同じことを違う形で繰り返しますので、はじめは身体にリズムが入りにくくても段々と慣れてリズムを感じられるようになりますよ。

応用編 気持ちや考えを読み取ってみよう

先生の鼻歌伴奏と指揮の合図（手やアイコンタクト）を見て楽器ごと、1人、グループなどで演奏する。

 **援助Point**

最後は視覚や気配などを頼りに演奏します。

とても難しく感じますが、演奏することが目的ではなく、「あ、今の合図は僕かな？」「次は私かな？」と子どもが考え、言葉を介さないコミュニケーション遊びとして展開してください。

指揮を子どもが行っても楽しめます。

こんな楽器を取り入れてみてはいかがでしょうか？
〜オルフ楽器の木琴紹介〜 　〈その2〉

実際に木琴であそんでみよう‼

☆ 鍵盤と友達になろう

鍵盤を好きな数取り外し、積み木のように遊んだり、線路のように並べたりしてマレットで打って遊びます。木琴に親しむはじめの第一歩に良いですね。

▶形、重さなどの違いも感じながら行ってください。

☆ 鍵盤を並べよう

外した鍵盤を共鳴箱の上に並べていきます。鍵盤の長さやマレットで打って音を聴きながら正しい並びを理解し、遊びながら音階も自然と身につきます。

▶最初は一番長い鍵盤（低い音）を2〜3つ先生が並べます。その後に続く音を聴きながらどの鍵盤なのか探して遊びます。
他にも間の音を探す遊び（ドとミだけを置いて音を聴いてレを探す）などでも楽しめますね。

☆ まねっこあそび

木琴を挟んで向かい合わせになり、先に演奏する人と後で真似をする人を決め、**コール＆レスポンス**で遊びます。コミュニケーションをはかりながら木琴を楽しく演奏できます。

〈進め方〉
自由な音で構いません。最初は先生と子ども1人ではじめます。

① 好きな音を鳴らし子どもが真似をします。
先生は音を4分音符で3つ（3拍）演奏し、同じ音を子どもが演奏します。
何回か繰り返したら次に子どもからスタートし、先生が子どもと同じ音を真似して演奏します。

② 子ども同士で ① をする。
③ 先生と子どもがペアになり、先生の演奏した3つの音を真似しないで子どもが演奏する。
例えば
先生がドミファと演奏したら子どもはソミドと演奏する
④ 子ども同士で ③ をする。

他にも ☆（P106）でわらべうたをしますので、ファとシだけを抜いて遊ぶとわらべうた風の遊びにもなりますし、慣れてきたら2分音符や8分音符を入れて遊ぶこともできます。

〈**コール＆レスポンス** P107 参照〉〈**拍** P108 参照〉

こんな楽器を取り入れてみてはいかがでしょうか？〈その3〉〜オルフ楽器の木琴紹介〜（P106）に続く

合わせてあそぼう
〜そーれ、トントン〜

そーれ　トントン

どんなあそび？

トントン

掛け声に合わせて、体や楽器で表現を楽しむ遊びです。

皆さんは、保育の中で掛け声は使っていますか？例えば、歌うときに「せーの」や「さんはい」、運動会前では「よーいどん！」など、保育生活の中で、必ずと言って良いほど使う場面があるでしょう。

そんな '掛け声' からこの遊びは始まり、あっという間に、タイミングや**リズム**感などが養われます。先生の掛け声と、子どもの演奏がまるでおしゃべりをしているような暖かい雰囲気で行ってください。

〈**リズム** P108 参照〉

音楽的なねらい

- ♥ **コール＆レスポンス**で楽器を演奏する（**拍子**の2拍目からの演奏）
- ♥ 身体や楽器で強弱や速度（**テンポ**）を感じる
- ♥ 創造的に考え、身体表現をする

〈**拍子** P108 参照〉〈**テンポ** P107 参照〉

準備物

- ♠ **ピアノ**
- ♠ **打楽器全般**（但しリズムがはっきり出る楽器を選んでください）

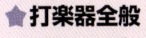

あそびのポイント

この遊びは、'**問答**' を使った遊びの1つです。'問答' と書くと難しく見えますが、先生の '掛け声' に子どもは手拍子や楽器で答えるだけです。但し '問答' は先生の問い（掛け声）に子どもたちが返答するので、先生は表現豊かに子どもたちに問いを出せるよう心がけてください。

先生が表現豊かであれば、子どもたちの表現も豊かになります。また、この遊びは身体表現も含まれます。身体表現も問答とつなげて遊べばとても簡単です。身体いっぱい使って表現する楽しさを子どもと一緒に味わってください。

〈**問答・コール＆レスポンス** P107 参照〉

導入

'掛け声'を用いた活動する。

 援助Point

「よーいどん」で'かけっこ'をしてもいいですし、「さんはい」に合わせて歌をうたう
ことや、手遊びでもいいでしょう。
掛け声活動をすることで、合わすことの気持ちよさを少しずつ感じられるでしょう。

Step 1

先生の拍手に合わせて、子どもも拍手をし、
急に止まる→拍手をする→止まるを繰り返す。

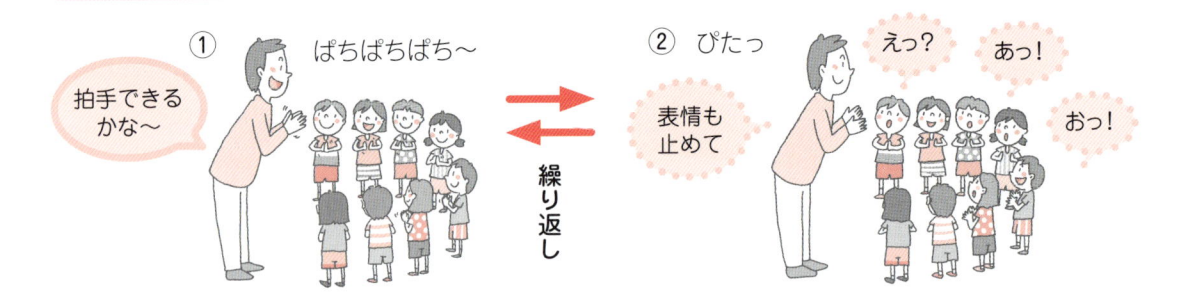

① ぱちぱちぱち〜

拍手できる
かな〜

繰り返し

② ぴたっ

えっ？　あっ！

表情も
止めて

おっ！

Step 2

先生の「そーれ」の掛け声の後に、先生と子どもが一緒に1回手を
叩き、慣れてきたら2回手を叩く。

1回の場合

そーれの
あとに
1回だけ
たたける
かな？

 そー れ

 トン

2回の場合

じゃあ
今度は
2回だけ
たたける
かな？

 そー れ

 トン

 トン

※手の音はどんな音が
するか子どもと言葉
を決めてください。

手の音も声に
出してみよう

トン　　トン

援助Point

1 子どもが様々な音楽表現を楽しめるよう、先生の「そーれ」は豊かな表現で、
音楽的に伝えられるようにしましょう。つまりは、リズミカルに、表情や体の
使い方（小さい音の時は体も小さくなど）も意識して行うと、子どももそれを
真似しますので、先生と子どもが同じ音楽を共有できて楽しめます。

（メトロノーム）

2 速度を変える時、どれ程速くしたらいいのか、遅くしたらいいのかメトロノーム
などを聴いて、様々な速度を先生自身で感じてみてください（電子ピアノやキー
ボードにもメトロノーム機能が付いています）。
また、メトロノームの音も1つの遊び道具として子どもたちと一緒に聴いてみ
てもいいでしょう。

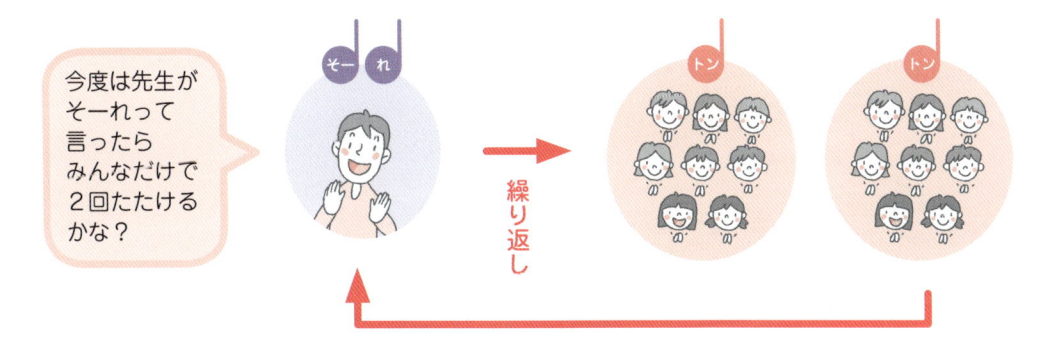

※慣れてきたら、流れを止めずに…

※2拍の言葉に対して、2拍 子どもが手を打つので
2拍のイメージで掛け声を言いましょう。 ◀これでは3拍になってしまいます。

Step **4** ピアノ伴奏に合わせて Step 3 をする。

援助Point

1 曲の始まりと、「そーれ」の掛け声は **アーフタクト** で始まります。子どもは拍子の頭ではなく2拍目から手を叩きます。
楽譜を見ると、とても難しいように感じますが、このように掛け声を用いた遊びで行うと簡単にできます。

2 **p**（小さい音の表現）の時は1 **オクターブ** 上げて弾き、**f**（大きい音の表現）の時は1オクターブ下げて弾くと **p** と **f** の違いを感じることができます。

3 ブラインドタッチでピアノを弾くことが苦手な先生もいるかと思います。
しかし、この遊びは問いと答えを楽しむ遊びです。
ピアノを弾きながら、子どもたちと目を合わせて、一緒に1つの楽曲を演奏しているような一体感を感じて楽しみましょう。

〈**アーフタクト／オクターブ** P107 参照〉〈**p・f** P109 参照〉

 **Step 5** 「そーれ」の掛け声を「あたま」「おしり」「おてて」など体の部位に言葉を変えて、子どもはボディパーカッションをする。

※ 楽譜 **Step 4** (P72) 参照

 子どもから、どこをボディパーカッションしたいか聞き、子どものアイディアから遊びを始めてみましょう。

あたま

子どもに「つぎはどこトントンしてみたい？」と聞きます。例えばAちゃんが「ホッペ!!」と言うと、「じゃあ、Aちゃんのアイディアを使って遊んでみるね。けど、いつ先生がホッペって言うかは秘密だよ〜」と言って行います。すると、いつ自分のアイディアが出てくるのか分からないので集中して遊びに取り組んでくれます。

ひろせんせいは…

 ポーズとは身体表現の１つです。身体表現遊びはこんな言葉掛けをしてみたらどうでしょうか？

みんなポーズできるかな？ポーズっていうのは自分の体で好きな形を作って止まることだよ　先生が考えたポーズまねっこできるかな？

できるよ〜

ぎゅ〜ってするの〜？

じゃぁ、次はこんなポーズ

※ポーズの瞬間は動きを止めます。

次は今やった２つのポーズを続けてやってみるよ。

そーれ　●●

今度はみんなが考えてね。お友達と違って大丈夫だよ。

これは？

これにする！

今度はみんなが考えてね。お友達と違って大丈夫だよ。

じゃあ、２つ連続でみんなが考えたポーズをやってみるよ？？

そーれ

ポーズを共有しながら、自己表現力を養います。
表現が苦手な子どももいれば、考えがまだ
出ない子どももいます。
そんな時は面白いポーズをした子どもを
ピックアップしてみます。
「○くんのポーズおもしろい！みんな真似
してみよう！」といったように声を掛け、
子どもから出たアイディアをクラスみんなで
共有すると、苦手な子どもは真似をするとこ
ろから一緒に活動することができます。
真似ができたら「じゃあ今度は自分で考えら
れるかな？」などと言葉掛けすると、オリジナ
ルの身体表現が生まれるでしょう。
また、表現が得意な子どもは、みんなに共有
してもらいたい気持ちから、さらに発展した
ポーズを考え表現が豊かになります。

ひろせんせいな…

Step 7

① 1人1つ楽器を持ち、「そーれ」の掛け声の後に全員で楽器を
演奏する。

② 慣れてきたら楽器の種類を増やし、「そーれ」の言葉を楽器の
名称に変化させ、呼ばれた楽器を持っている子どもが演奏をする。
（子どもの名前やグループ名などで行っても楽しめます）

※楽譜 **Step** （P72）参照

 楽器の名称は2拍（♩♩）で言わなければなりません。
タンバリンはタンバと、カスタネットはカスタと2拍で言えるように省略して行って
ください。

参考：楽器の省略の言い方

● タンバリン ▶ タンバ 　　● カスタネット ▶ カスタ 　　● 鈴 ▶ スーズ
● トライアングル ▶ トライ 　● ウッドブロック ▶ ウッド 　など

スーズ　　ドキドキ　　わたしだ！

おはながわらった
～保育内容と関連させて①～

どんな あそび？

『おはながわらった』の楽曲を用いて言葉と**リズム**、動きで楽しむ遊びです。保育において、童謡や唱歌など歌の活動は多くの方が行っていると思いますが、歌を覚え、歌をうたうだけの活動で終わってませんか？
身近な歌は様々な音楽表現的活動へ展開することができます。
綺麗なお花をイメージしながら音楽を深めていきましょう。

〈**リズム** P108 参照〉

音楽的なねらい

- 楽曲（歌）の**フレーズ**を感じる
- **3拍**のリズムを様々な形で表現する
- 楽曲の特徴を、身体を通して感じる（ゆったりとやさしいイメージ）

〈**フレーズ／拍** P108 参照〉

準備物

- **絵本『わーらった』**
  （講談社　作 風木一人　絵 市原淳）
- **ピアノ**
- **CDラジカセ**と**CD**（おはながわらった）
  （無くても可能）
- **タンバリン**
- **鈴**
- **カスタネット**　他楽器類
- **様々な色のスカーフ**
  （子どもの手の中に納まる物）

あそびの ポイント

この遊びでは、言葉のリズムを感じること、歌うこと、動きを用いること、楽器を演奏すること、様々な音楽的要素が多く含まれています。1つ1つの要素を先生自身が感じながら、子どもと遊んでください。また、この遊びと次の遊び「好きなくだものなぁに？（P86）」では、保育内容（5領域）との結びつきも考えて解説を行っています。合わせてご覧ください。

保育内容（5領域）との結びつきを考えよう

①環境の領域 身近な環境に親しみ、自然と触れ合う中で様々な事象に興味や関心を持つこと。

（幼稚園教育要領より）

つまり

保育施設や近くの公園などでは季節ごと色々な花が咲きます。
花が綺麗に咲く、その姿を子どもが興味や関心を持って見たり、香りを感じたりすることで、より歌の歌詞の意味合いやしなやかな**メロディーライン（旋律）**を感じながら歌うことができ、表現豊かな音楽活動の展開へとつながります。

②言葉の領域 生活の中で言葉の楽しさや美しさに気付くこと。

（幼稚園教育要領より）

つまり

言葉にはアクセント、リズム、フレーズ感など音楽と結びつく部分がとても多く含まれています。
ここでは「わーらった」の言葉を3拍で表しますが、言葉を音楽にのせて遊ぶことで、言葉の持つリズム感をより感じられ、言葉の楽しさや面白さを感じることができます。
また、同じリズムの言葉や、言葉の意味や由来など、様々な言葉に興味を持つことへとつながります。
〈**メロディーライン（旋律）** P108 参照〉

導入

花について興味を持つ活動をする。

● 園庭に咲く花を観察したり、絵画で花を表現したりします。また、植物の図鑑を保育室に置いておくと、より興味や関心を持つでしょう。

3拍のリズムに親しむ活動をする。

● 本書「好きなくだものなぁに？（P86）」又は「ぎゅ・ぱん・ぴょん（P59）」の遊びで、3拍（♩♩♩）のリズムに親しんでおくと、遊びの展開がスムーズにできます。

環境構成 ▶ Step4 は椅子を円に、それ以外の **Step** は半円で行ってください。

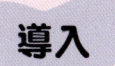

絵本『わーらった』の読み聞かせをし、'わーらった'の言葉の部分は
3拍を感じるように読む。

ページを
めくる

ないてた　おくつが

（自由に読む）

わー　らっ　た

ピアノ伴奏を付けて絵本を読んでいます。
繰り返しの絵本はピアノが付けやすいので、
得意な方はチャレンジしてみてもいいですね。

次のページが「わーらった」の場合は
ここでページをめくる

絵本を読みながら

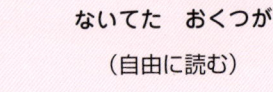 ※「ないてた〜　○○が〜」は弾きながら自由に読む

※「わーらった」は音に合わせて読む

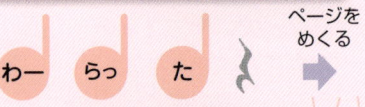

な　い　て　た　○　○　が

わー　らっ　た

ド　シ　ド

※ピアノはドシドだけでも
大丈夫です

援助Point　絵本の最後に3つの絵が2ページ出てきます。
先生は3つの絵を指で指しながら、「わーらった」と読んでみましょう。
繰り返して読んでいくうちに、子どもも「わーらった」と合わせて読んでくれます。
また、「わーらった」と言いながら手を叩く（手拍子）と、より3拍の拍感を感じること
へとつながります。

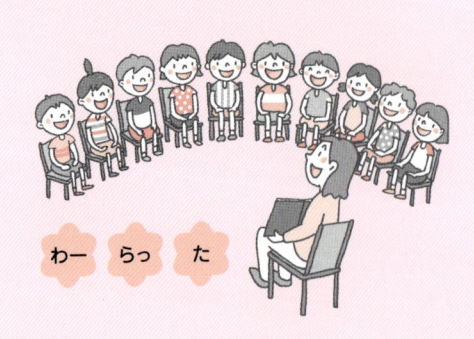

わー　らっ　た

わー　らっ　た　　わー　らっ　た

Step 2 先生が『おはながわらった』を歌いながら（**アカペラ**で）1人ひとり、もしくは数名のグループの前に行き、スカーフで作ったお花を見せる。

（スカーフはジョーゼットスカーフという種類がおすすめです）

♪お～はな～がわらっ

援助Point

1 **お花の見せ方**

～先生がアカペラで歌いながら（若しくはCDを使って）行います～

① '♪お～はな～が（他の歌詞 みんな・いちどに等の部分も同様に）'
▶ スカーフをくしゃくしゃにしながら、両手の中にスカーフを全て入れ、包み隠すような状態で、少しずつ子どもの前に近づいていきます。

② '♪わ～らっ'
▶ 子どもの目の前に、スカーフを隠した先生の手を持っていきます。

③ '♪た'
▶ 'た' の言葉と同時に手を広げる（手でお皿を作るイメージで）

わぁ！　　た！

すると、スカーフがふわっと広がり綺麗なお花に変身します。まるでマジックを見ているかのように演出しましょう。

2 乳児クラスでは、ここまででも充分に遊べます。
スカーフがいきなりお花になってしまう面白さや不思議さが、とても楽しい遊びです。複数担任制でしたら、1人の先生が「おはながわらった」のピアノを弾き、もう1人の先生がスカーフをもって遊んでみましょう。その際は、ゆっくりの**テンポ**でピアノを弾いてください。　〈アカペラ／テンポ P107 参照〉

お～はなが
わ～らった

お花を見せる時、子どもの感受性を豊かにするために、表情や動きなど見せ方にも演出を凝らしています。
例えば、花の蕾からお花が咲く瞬間のように、手を広げて子どもに見せます。
すると子どもがとてもいい表情で驚いてくれますよ。

ひろせんせいより…

Step 3 子どもも一緒に歌いながらスカーフでお花を作る。

援助Point

1 すぐにお花を作る子どももいれば、ゆっくり作る子どももいます。
初めは先生がアカペラで歌い、全員が手の中に丸められるまで歌のテンポはゆっくりで行います。
慣れてきたらピアノ伴奏を付け、子ども全員でタイミングを合わせてお花を開くと一体感が生まれて楽しめます。

2 スカーフは摘んでひらひらさせるだけで、まるで綺麗な花が沢山咲く春の暖かな風をイメージできます。曲の前奏部分はスカーフをひらひら動かしてもいいでしょう。
以下の楽譜を参照に、子どもの姿に合った形で行ってください。

できたお花を床にそっとおいて、お花畑を作ります。
みんなで作ったお花でオリジナルのお花畑が完成します。

ひろせんせいは…

 **Step 4**

① 椅子を円形に並べ、**Step 3** を行い、作ったお花をいくつかピックアップする。

② 裏返しにしたタンバリンの上にお花を置き、歌いながらタンバリンを隣に回す（先生はピアノ伴奏をする）。

 お花がゆっくり崩れないよう隣に回せるか、子どもと会話しながら行ってみましょう。
回すタイミングとしては（反時計回りと想定して）

'おーはながわらっ'
（この部分で左から右へ）

'た'
（た　の言葉と同時に右側のお友達に回す）

♪お〜はながわ〜らった

みんなが作ったお花を大事に扱いながら回せるかがポイントです。

1周回るまでは、「♪お〜はながわらった」の部分を繰り返して歌います。
1周まわったところで「♪み〜んなわらった〜いちどにわらった」を歌います。
そうすることで、1周回り終えたときに音楽も終わり、みんなで1つの遊びをしたという一体感を感じられるでしょう。

ひろせんせいは…

Step 5

① 5人程で円形になり座る。

② 手をつないで下記写真のように座り、全員の足のつま先が中心で揃う形で座る。

③ 歌に合わせ、（花が開くイメージで）後ろにゆっくり倒れ、体で"花"を表現する。

援助Point

歌いながらこんなイメージで行ってみてください。
おーはながわらった　×4　みーんなわらった（手をゆらしながら）
いちどにわ〜らった（ここでゆっくり歌いながら後ろに倒れる）
前奏で起き上がり（花がしぼむようなイメージで）初めに戻る。

おーはながわらった　みーんなわらった

いちどにわ〜らった

前奏で起き上がる

色々なお花の形ができました

 **Step 6**

先生がタンバリンを持ち、『おはながわらった』のメロディーに合わせ
子どもは「わーらった♩♩♩」と歌いながら3回（3拍）タンバリンを
演奏する。

援助 Point

1 先生がタンバリンを持ち、少し歌詞
を変え、
「○○せんせいが　わー・らっ・た」
と歌いながら、「わーらった」の部分
でタンバリンを演奏します（3拍の
リズムの見本を見せる）。そのまま、
流れを止めないように、歌いながら
子どもにタンバリンを差し出してく
ださい。

※子どもが簡単にタイミングよく3拍を演奏できるポイントとして

① 「○○くん」

▶ ここでは子どもがタイミングをはかれるよう、タンバリンは先生の胸やおな
かの前に置いておく。

② 「が」

▶ 「○○くん」の「ん」の言葉でタンバリンを移動させ、「が」と同時に演奏し
やすい、子どものお腹の前辺りに差し出す。

③ 「わーらった」

▶ 子どもが言葉を言いながらタンバリンを演奏する。

最初に見本を子どもが見る
♪ゆみせんせいが
わー らっ た

流れを止めずに
タンバリンを差し出す
♪さとしくん が

わー らった

2 「先生が差し出したらタンバリンを叩くよ」という言葉はいりません。これまでの
Step で楽曲は理解していますので、そっとタンバリンを差し出してください。

 **Step 7** タンバリン・鈴・カスタネット 3 種類の楽器いずれかを子どもが持ち、「わーらった」の部分で全員一緒に 3 拍の演奏をする。

※歌詞は次ページ楽譜参照　※楽器の持ち方は P30 参照

 Step 6 と同じタイミングで演奏します。
初めはアカペラで、全員一緒に「わーらった」のリズムを演奏し慣れてきたら先生は
ピアノ伴奏を付けます。
テンポ（速度）は子どもが演奏しやすいテンポを考えて行いましょう。
（元々『おはながわらった』は少し速度が速い曲です）

♪がーっきさんが～

バンバンバン　シャンシャンシャン

わー　ら　た

がっきさんも
わらうかな？

カチカチ カチ

 **Step 8** 歌詞「おはなが」の部分を先生が、「タンーバリンが」「カスータネットが」「スーズさんが」など、リズムとメロディーに合うように楽器の名前で歌う。呼ばれた楽器を持っている子どもが楽器を演奏する。

※歌詞例は次ページ楽譜参照　※楽器の持ち方は P30 参照

♪しゃ～んちゃんが

楽譜（P85）を一度ご覧ください。
4 回目の「わらった」は 1 人の子どもの名前を
呼んで、**ソロ**で演奏できるように作りました。
「自分の名前を呼んでくれるかな？」とわく
わく、ドキドキしながら一緒に楽しめる遊び
ですよ。

〈**ソロ** P107 参照〉

ひろせんせいは…

おはながわらった Step7 Step8

～楽器バージョン例～

作曲：湯山　昭
編曲：山地　寛和

ゆったりと　やさしい気持ちで

Step7
Step8
がーっ　きさんが
タン　バリンが
わ　らった

カス　タ　ネットが　わ　らった　ス　ズさんが　わ　らった

○　○ちゃんが　わ　らった　み　ーんな　わ　らった

い　ちどに　わ　らった

こんなこと
ありますか？

「子どもの目の前でリズムを一緒に叩くと、上手に演奏できますが、私が
ピアノ伴奏を弾くと、子どもたちが自由に楽器を鳴らしたりしてしまい
困っています。」という相談を何回も受けました。

このような場合、日々の保育生活における楽器経験がどれ程なのか考えて
みましょう。
子どもも大人も面白い楽器を見たら、気になりついずっと触ってみたくな
ります。まずは楽器を自由に触れる多くの機会を設け、気持ちをまず満た
してから表現活動へ移行してみましょう。
反対に、楽器を鳴らさなくなるケースもあります。その場合も、日々の楽器
の経験を通じて、演奏する楽しさを味わう活動をしましょう。

好きなくだものなぁに？
〜保育内容と関連させて②〜

どんなあそび？

絵本『くだもの』と、毎日行う'食べる'という習慣の動きを用いて、生活に密着した内容から始まる**リズム**遊びです。

みんなで一緒に食べるご飯の時間は、保育生活の楽しみの1つであると思います。

もも♥　メロン！

そんな、'食べる'ことと子どもたちが大好きな'くだもの'を用いて言葉のリズムの楽しさや面白さに触れていきます。

遊びも絵本から始まりますので、取り組みやすいのではないでしょうか。

普段の読み聞かせとはちょっと違った絵本の読み方で楽しんでください。

〈**リズム** P108 参照〉

音楽的なねらい

- 言葉のリズムを感じる
- **コール＆レスポンス**でリズムを表現する
- **4拍子**の様々なリズムを感じて表現する
- リズムを創作する

〈**コール＆レスポンス** P107 参照〉
〈**拍子** P108 参照〉

準備物

- **絵本『くだもの』**（福音館　作　平山和子）
- **タンバリン、カスタネット、鈴**など
- **ピアノ**
- キーボードなどの機能にある
  自動リズム伴奏（無くても可能）

あそびのポイント

この遊びでは、4分音符のリズムだけでなく、2分音符、応用編では8分音符を含んだリズムで遊び、そのリズムを楽器で表現します。まずは、先生がリズムを確認してから始めましょう。

また、子どもは今までと違ったリズムに出会います。友達と一緒に新しい経験を楽しく味わえるよう保育を展開してください。

この遊びでも保育内容（5領域）との結びつきを考え解説していきます。

保育内容（5領域）との結びつきを考えよう

①**健康の領域** 先生や友達と食べることを楽しむ。 （幼稚園教育要領より）

②**人間関係の領域** 友達のよさに気付き、一緒に活動する楽しさを味わう。 （幼稚園教育要領より）

つまり

この遊びでは、食べる動作のごっこ遊びをします。

絵本の中に出てくるくだもの'をみんなで「おいしいね〜」や「あまい〜」など共感、共有し合いながら遊ぶことで、より実際のお弁当や給食の時間が充実し、みんなで食べる喜びをさらに感じられるのではないでしょうか。

また食べる動作や、身近な食べ物の名前を音楽遊びと結びつけることで、今まで以上に音楽を身近に感じ、興味や関心をもって遊びに関わることができます。

つまり

この遊びでは、みんなで同じリズムを手拍子や楽器を用いて演奏します。

みんなで演奏することの楽しさや面白さに気付き「リズムが合った！すごい！」といった、友達と一緒に活動したからこその達成感や充実感を味わうことができます。

また、遊びを通じて色々な友達と関わりますので友達の'良いところ'にも気付くことができます。

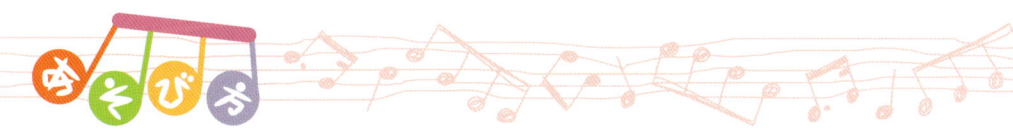

あそび方

 **導入** 食べ物に対して興味や関心を持つ活動をする。

援助Point 好きな食べ物や、今日のお弁当、給食には何が入っているかなどの話をして、食べ物に対して興味や関心を持てるような導入をします。

また、音楽は様々な感覚が育つことで表現が豊かになります。

食べ物に対して五感で感じてみましょう。

（例　給食の匂い　園庭で育てたキュウリの触感・・など）

援助 Point

リズムを感じるために、くだものの名前は１文字ずつを切るイメージではっきり読むといいでしょう。

くだものの名前の後には「さあ　どうぞ」の言葉が続きます。

その時は、絵本を持つ手と反対の方の手を使って、そっと子どもにくだものを渡す動作をしてください。

'もぐもぐ' とくだものを食べるごっこ遊びへとつながります。

絵本『くだもの』に出てくるくだもの

３文字の場合

すぶりみいば	いどんかちな	かうごんごな

２文字の場合

もーなーくーかー	もしりき

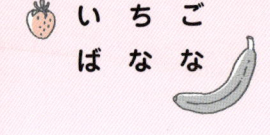
さあ　どうぞ

想像する力も養います。

読み終わった後、手のひらや、タンバリンの裏面を使い「ここにくだものが沢山あるよ」と声を掛けると、子どもたちは「ちょーだい！」と言ってくれます。

子どもにくだものを渡し、食べた後に「何のくだもの食べたの？」など質問すると「さくらんぼ！」「わたしメロン！」などと伝えてくれます。

このような遊びは想像力が豊かになりますね。さらに、子どもが取ったくだものを一緒に食べ「甘いね〜」など言葉や表情で共感して楽しみましょう。

ひろせんせいは…

言葉とリズムの一致に付いて〈重要ポイント〉

この遊びでは、３拍に合わせた言葉とリズムの一致を目的としていますので、日本語の言葉の持つリズムとは少し異なった言い方をしている部分があります。

　例えば　ぶどうは　本来

ぶ　どう

と読みますが、３拍にあわせるため、

ぶ　ど　う

と読んでいます。

その点が少し気になる先生はリズムが少し難しくなりますが、本来の読み方で行っても構いません。

Step 2

Step 1 で読んだ絵本『くだもの』を4拍子に合わせて絵本を読む。

♩ ♩ ♩ ♩ | ♩ ♩ ♩ ♩ | ♩ ♩ ♩ ♩ | ♩ ♩ ♩ ♩ | 続く ……

す い か 〻 | さあ どう ぞ 〻 | な ー し 〻 | さあ どう ぞ 〻 |

援助Point 最後まで止まらないように読みます。ページをめくる際のことを考えて、速度（**テンポ**）に注意しましょう。

また、本の最後は「さあ どうぞ」の後に言葉が続きますので、その部分は4拍子とは関係なく読んでください。　　　　　　　　　　　　　　　〈**テンポ** P107 参照〉

Step 3

Step 2 の4拍子に合わせて、先生と子どもが問答（コール&レスポンス）になるように絵本を読む。

ページをめくる

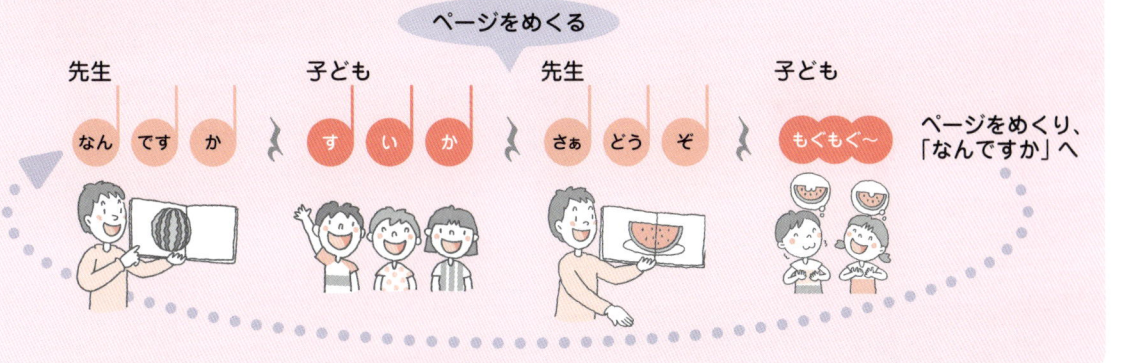

先生	子ども	先生	子ども
なん です か 〻	す い か 〻	さぁ どう ぞ 〻	もぐもぐ〜

ページをめくり、「なんですか」へ

応用編　リズム伴奏を使って絵本を読む。

キーボードの自動リズム伴奏が流せる環境にある場合、それに合わせて本を読んでいきます。少しずつテンポを上げていくと、リズムの感じ方の変化が面白くなり、集中して取り組む姿が見られます。テンポを上げると気持ちは高揚する作用がありますので、上手に使って子どもと楽しんでください。

自動リズム伴奏って？？

キーボードには電子リズムが搭載されています。リズムボックス、伴奏パターン、**リズムパターン**、ビートボックスなど様々な言い回しがされていますが、リズム（ドラム楽器で）だけを刻んでくれる機能です。　　　　〈**リズムパターン** P108 参照〉

Step 4 Step3 の内容に子どもが手拍子でリズムを取りながら‘くだもの’の名称を読む。

援助Point

1 「くだものの名前を手で叩きながら言えるかな？」などと声を掛け、始めていきます。

2文字のくだものは ♩（2分音符）と ♩（4分音符）の組み合わせです。

初めは少し難しいかもしれませんが、繰り返していくと慣れてきます。

※ Step1 2文字の場合（P88）参照

2 先生の真似をして、行っても構いません。
　①先生　「す・い・か」← 3拍の手拍子をしながら
　②子ども「す・い・か」← 3拍の手拍子をしながら
といったように後模倣で行ってください。

① ②

Step 5 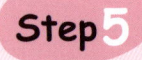Step4 の内容を楽器で行う。

援助Point

全員一緒に行ってもいいですし、グループごとに行っても楽しめます。
子どもの姿に合った形で行ってください。

同じ遊びにバリエーションを付けます。
絵本を読みながら「好きなくだものが出てきたら演奏して教えてね～」と前置きして絵本を読みます。
同じことの繰り返しも変化を少しずつつければ楽しみ方も広がりますね。

応用編

1. グループを作り、好きな'くだもの'を2つ〜3つ選び、言葉をつなげてリズムを創作する（3チームほど）。

2. 創作したリズムをピアノ（『くだもの伴奏』）に合わせて**オスティナート**（何度も繰り返す）で演奏する。

※伴奏楽譜次ページ参照　〈**オスティナート** P107 参照〉

〈リズム例〉

りんごとみかん
（全て4分音符）

りんごとみかん

もーも・バナナ
（2分音符と4分音符の組み合わせ）

もももバナナ

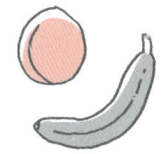

スイカバナナさくらんぼ
（8分音符と4分音符の組み合わせ）
細かいリズム

スイカ　バナナ　さくらんぼ

※創作リズムは楽器、ボディパーカッション、手拍子だけなど好きな形で遊びましょう。

創作ポイント

初めは、2種類のくだものの組み合わせで、2分音符、4分音符のみで創作してみましょう。
慣れてきたら、3種類のくだものの組み合わせで、8分音符も入れてみましょう。

りんごと…

シャンシャンシャン〜

くだもの伴奏

♩=120〜140（リズミカルにはずんで）

りんごと みかん　以下繰り返し

もも バナナ　以下繰り返し

スイカ バナナ さくらんぼ　以下繰り返し

💬 繰り返し記号です

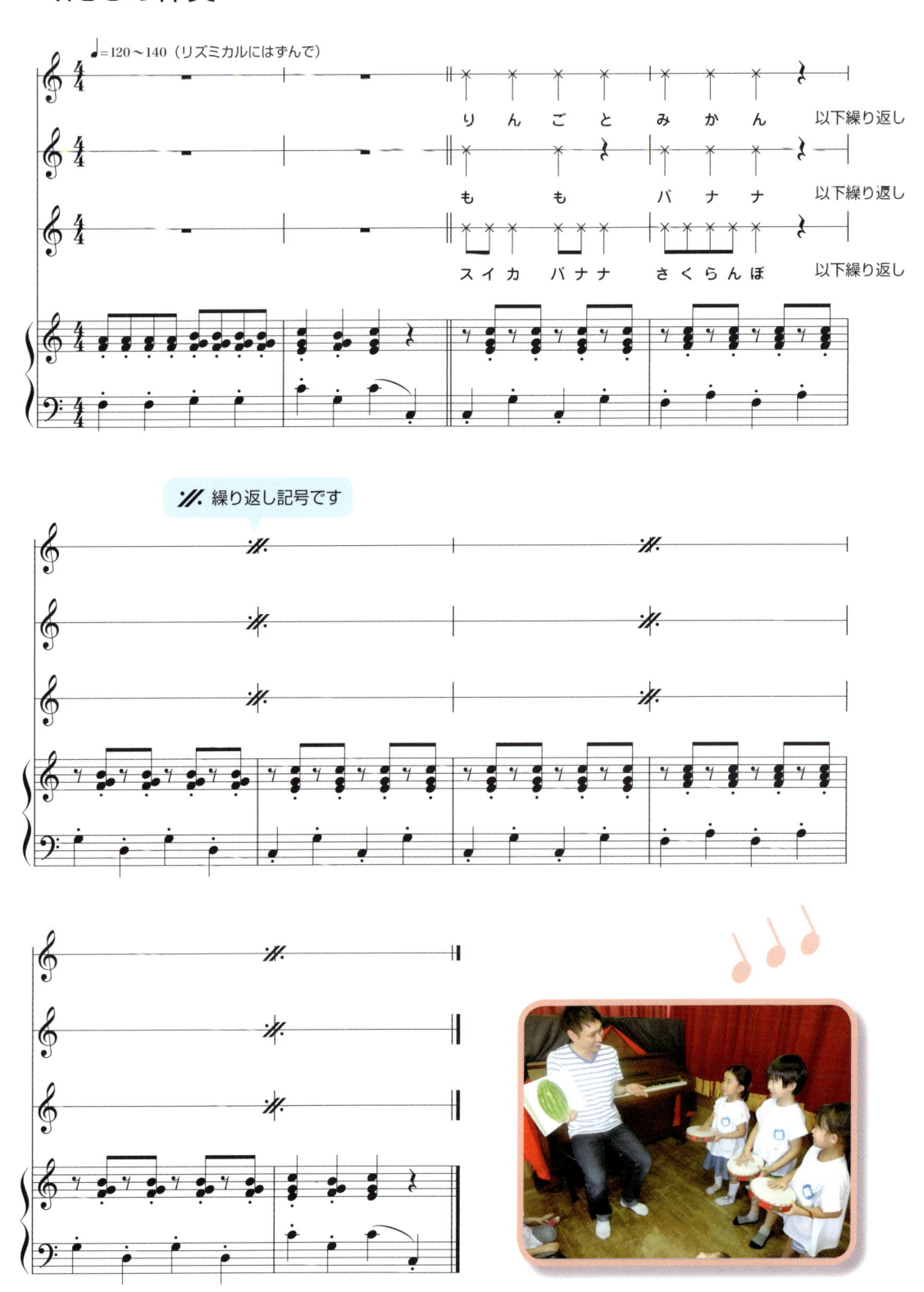

絵本から始まる リズム合奏あそび

どんな あそび？

絵本『がちゃがちゃどんどん』からリズム合奏へ移行していく遊びです。

本書では3拍分のリズム（♩♩♩）を用いた音楽遊びを沢山紹介しましたが、そのリズムを用いてリズム合奏を行います。

楽器遊びの講習会で「発表会にはどんな曲がいいのでしょうか？」といった質問を多く受けます。

もちろん曲から選ぶのも間違いではありません。しかし、リズム（打楽器）やメロディー（鍵盤楽器）が今まで行ってきた子どもの音楽（生活）経験からはかけ離れたものとなってしまい、保育の展開や援助が大変だった…ということはありませんか？

その点から今回、合奏へ進んでいくための1つのステップとして、今まで行ってきた3拍分のリズムで演奏できる合奏遊びを、子どもの身近な'絵本'とつないで紹介します。

〈拍／リズム／メロディー P108 参照〉

音楽的なねらい

- 🌸 音に対してイメージを持つ
- 🌸 絵と言葉からイメージしたものを身体表現で楽しむ
- 🌸 リズムの創作をする
- 🌸 楽器を用いたリズム合奏を楽しむ
- 🌸 豊かな表現で音楽を演奏する

準備物

- 🌸 ピアノ
- 🌸 絵本「がちゃがちゃ どんどん」
  （福音館書店　元永定正）
- 🌸 打楽器類全般
  （他　必要に応じて　画用紙、ハサミ、のり）

この遊びでは本書「好きなくだものなぁに?（P86）」と同様に身近な環境である、絵本から遊びがスタートします。

普段見ている絵本から遊びが始まると子どもたちは安心して参加することができます。

また、この遊びでは絵本の言葉を、楽器の音色で表現していきます。

言葉から想像して楽器の音色を考えたり、音を言葉で表現したりするのは、子どもの想像力と創造力がとても養われますし、絵本を用いることで形（絵の形）からも音のイメージも持てるようになります。

絵本には沢山の種類がありますが、言葉の面白さを感じる絵本や言葉遊びの絵本は音楽的（リズムやパターン）に描かれているものが多いので、色々な絵本で試してもいいでしょう。

楽譜を見て演奏するのではなく、絵が楽譜になる面白さを子どもたちと味わってください。

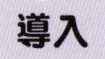

導入	**様々な楽器に触れる。**

● まずは保育現場にある色々な楽器を全て出し、各楽器の音色を先生自身で教材研究したあとに、子どもと一緒に様々な楽器に触れていきましょう。
また、本書の他の遊びを通じて沢山の楽器に触れましょう。

 **Step 1** 絵本『がちゃがちゃ どんどん』を読み聞かせする。

 絵と言葉から音をイメージし、リズムにのせて読みます。
音のイメージは、楽器を頭の中でイメージして読んでいくといいでしょう。
例えば・・・・

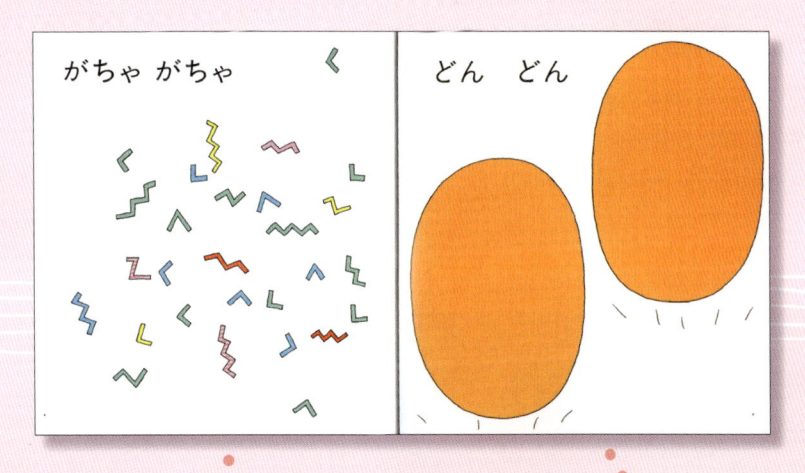

がちゃ がちゃ

どん どん

> 'がちゃがちゃ'は何をイメージしますか？
> 例えば、タンバリンの**トレモロ**（振って鳴らす）だとします。
> であれば　速く読んだ方がいいですか？
> ゆっくり読んだ方がいいですか？
> また、声の大きさは？

> 'どんどん'は何をイメージしますか？
> 例えば大太鼓だとします。
> であれば　声は大きく読んだ方がいいですか？　小さい方がいいですか？
> 速さは大太鼓をイメージすると、どのくらいの速さがいいでしょうか？

これはあくまでも例なので、先生ご自身でイメージした楽器を声に出し表現してください。

子どもに読み聞かせをする前に、一度どんな読み方ができるか試してみましょう。
高い声低い声、力強い声優しい声、ゆっくり速くなど、先生なりの表現を楽しんで子どもに
読み聞かせをしてください。

〈**トレモロ** P108 参照〉

こんなことも大事に！

'絵・音（声など）・言葉（言葉の**フレーズ**やリズム）・間（ページめくり）'を1つの音楽と思い、融合させて絵本を読んでみましょう。絵もじっくり見せ、言葉と言葉の間は音楽の休符と思って、無音の状態も流れを感じながら読むと、よりこの絵本の世界に入り込むことができます。

〈**フレーズ** P108 参照〉

'どんどん'のところは太鼓の音をイメージする方が多いでしょう。そこで、この大太鼓はさらにどんな大きさなのか、どんな形の太鼓なのかを考えてみましょう。より具体的に楽器をイメージすると、自分の言葉の表現もさらに豊かになります。
先生の表現が豊かであれば、子どもたちの表現も豊かになりますよ！

Step 2 子どもに絵本の「どの部分が好きだった？」と問いかけ、選んだページを子どもと先生が一緒に読む。

 声色・言葉の表現は先生の真似から表現して遊び、何回か繰り返して読んでいくうちに、自分の中でイメージが発見されていきます。読んでいくうちに「みんなが思ったがちゃがちゃどんどんはどんな音かな？」などと声を掛け、声で表現する楽しさを味わいましょう。

より表現する楽しさを感じる展開へつなげます。
「この絵本のどこ（絵・言葉）が好きだった？」と声を掛け、1人をピックアップしその好きな部分を、一緒に読みます（みんなに聞いてもらう）。
子どもは私が読んだように表現をしますが、真似をしていても人それぞれ必ず違う表現になっているものです。
その小さな違いなどを見逃さないようにして言葉で伝えます。
例えば「Aちゃんは先生よりも○○の部分が飛び跳ねているように読んでいたね！」などと表現の違いを認めてあげることで、次に取り組むときにユニークな表現をする子どもが出てきます。
さらに、年長クラスでは「なんでこんなふうに読んでみたの？」と問いかけることで、言葉で自分の思いや考えを伝えるきっかけになり、様々な表現力が養われます。

 **応用編** 絵本に出てきた言葉と、自分自身の体を用いて、言葉に合う体の動きをつける（身体表現を楽しむ）。

 先生が初めに身体表現をします（身体表現をよく行っている場合は、子ども発信でも大丈夫です）。

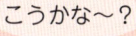 こうかな〜？

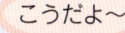 こうだよね？

こうだよ〜

'がちゃがちゃ'ってこんな感じかな？みんなもできる？

'がちゃがちゃ'ってこんなのどう？

'どんどん'はこんな感じかな？

2人で並び、絵本見開き2つの絵の身体表現を行っています。
2人で考えてもいいですし、それぞれが思った表現をしても構いません。何通りものオリジナル表現が誕生しますよ。

ひろせんせいだ

 **さらに 応用編** 画用紙や折り紙をハサミで切ったり手でちぎったりしたものを台紙に貼り、オリジナルの'がちゃがちゃ どんどん'を作る。

 絵本と同じにするのではなく、言葉からイメージを持った形を考え創作します。
この遊びは誰がやっても間違いがないので、1人ひとりの表現を認め合うことへとつながります。
オリジナルの絵本を作って、子ども同士で読み聞かせもできます。
また、絵本に載っている言葉以外の言葉（擬音語）で創作しても楽しめます。

色画用紙や折り紙

導入　絵本に出てくる言葉に楽器で音を付ける。

とん はどの楽器が
いいかな

タンバリン

スズ

援助Point　保育現場にある楽器を集め、言葉に合う楽器を選び、また楽器の奏法も選び、言葉と楽器の音色の一致を楽しみます。用意する楽器の種類や数は、子どもの年齢や経験に応じて考えます。
また、言葉に合う楽器は子どもに問いかけながら、子どもの発想を大切に子どもと先生が一緒に決めましょう。
他の遊びでもそうですが、部分的な決定権を子どもが持つことで、能動的な遊びとなります。

Step 3　絵本に出てくる「とん」「ちん」「かん」3つの言葉に、3つの楽器を合わせ順番に演奏する。　（3拍のリズムを1拍ずつ分けて演奏）

（はじめはゆっくり）♩ ＝ **88** くらいで
順番に言葉を言いながら楽器を演奏する。
〈**テンポマーク** P109 参照〉

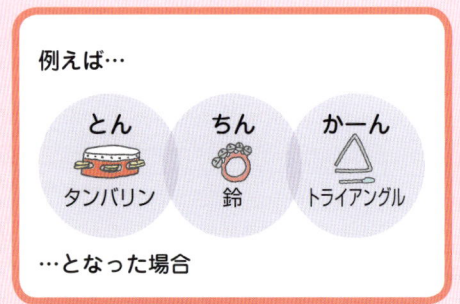

例えば…

とん　タンバリン
ちん　鈴
かーん　トライアングル

…となった場合

とん　ちん　かーん

繰り返し

援助Point　導入後、子どもに'とんちんかん'のページを見せ、3つの言葉（①とん②ちん③かん）に合う楽器を小物楽器の中で考えてもらいます。
　3つの楽器選びは、まず演奏しやすい小物楽器（タンバリン、カスタネット、鈴、トライアングル、ウッドブロックなど）から選びます。
慣れてきたら、**テンポ**も少し上げ、大きな楽器へ移行してみましょう。
ではピアノ伴奏に合わせますが、最初は楽器の持ち方や、タイミングなどの援助ができるよう、ピアノを使わず先生も言葉を一緒に言いながら子どもたちと楽しんでください。
また、絵本の「とん・ちん・かん」部分を指差ししながら楽譜、指揮代わりに用いると演奏するタイミングが分かりやすくなります。
但し、ピアノが無いので終わるタイミングが分かりません。終わり方を最初に示すか、子どもと何回続けるか一緒に決めて遊んでください。　　　〈**テンポ** P107 参照〉

Step 4 『さんぽ』の曲を用いて **Step 3** のリズムの**オスティナート**をピアノ伴奏に合わせて演奏する。

（楽譜リハーサルマーク A 部分のみ）※楽譜 **Step 6** （P102）参照

拍にのって、止まることなくオスティナート（同じリズムの繰り返し）で演奏できたら、子どもだけでリズムを繰り返し、そのリズムに合わせてピアノ伴奏を付け、子どもの演奏に加わってみましょう。

自然な流れで先生がピアノ伴奏を付けると、子どもたちも緊張感無く演奏できます。

前奏からの合わせ方も、遊んでいくうちに慣れてきますので言葉を掛けすぎず、「はじめはお休みしていてね〜」と一言声を掛け、曲の歌いだし部分から演奏できるよう 2 拍前に「さんはい」と声を掛け、演奏を始めます。

この部分も慣れてきたら、言葉掛けはなくして、ピアノ伴奏だけを先生が行います。

子どもたちだけで演奏するタイミングをつかむことができれば、楽器の演奏に自信が持て、積極的に音楽に関わろうとする力も養われます。

〈**オスティナート** ／**前奏** P107 参照〉〈**拍** P108 参照〉

3 拍目の言葉「かん」は絵本を見ると上部に書いてあり、また音が伸びているような絵が描かれているので、高い音で音が伸びるトライアングルや小さいシンバルを用いています。
すると、♪さんぽ の「あるこう〜」の「こう〜」の言葉が伸びる様子と、楽器の音が合いますので心地よいリズム合奏となります。
この遊びは子どもが考えて楽器を選びますので、無理にトライアングルやシンバルにせず、遊んだ後に試してくださいね。

指揮を見る導入として

とん・ちん・かんの楽器演奏のタイミングは手の合図（ハンドサイン・指揮）を用いてみましょう。

先生の手が楽器の前に振り落とされたら演奏するタイミングであることを伝え、言葉（とん・ちん・かん）を言いながら手で合図をします。

このような合図を指揮代わりにすると、演奏するタイミングが取りやすいので安心して活動に取り組めます。

手の合図は簡単なので子どもも先生役として遊びに展開できます。

手の合図（ハンドサイン・指揮）については「合わせるポイント（P104）」にも記載されています。合わせてご覧ください。

楽曲の前奏は、演奏又は歌うタイミングが分かるように弾き、「さんはい」という言葉をなるべく使わず行います。

ピアノが得意！という方は、子どもがタイミングを取りやすいピアノの弾き方、ピアノの音の使い方は何か、考えて弾いてみてくださいね。

ひろせんせいは…

「さんはい」は言う？言わない？

「さんはい」に慣れている子どもは常に「さんはい」という言葉に反応し、言葉がないとタイミングがはかれなくなっていきます。

音楽は、よく聴き、よく感じることで音楽の楽しさが広がります。

また、演奏するタイミングを自ら考え決断することは何事にも積極的に関わる力が養われます。

ですから、最初は「さんはい」を言っても、繰り返し遊んでいく中で今遊んでいる音楽が少し慣れてきた様子の時に、言葉を無くしてみましょう。

タイミングがずれても保育現場の音楽は正しい音楽、正しくない音楽を判断する場所ではないですよね。

音楽を通じ、子どもの「何」を育てているのかも考えながら遊びを展開できたらいいですね。

 **Step 5**

① 絵本に出てくる「ぶわぁ」「がちゃん」2つの言葉に、2つの
楽器を合わせ順番に演奏する。

（3拍のリズムを2拍、1拍に分けて演奏）

② 『さんぽ』の楽曲を用いて、リズムのオスティナート（ **Step3** **Step4**
と同様に）をピアノ伴奏に合わせて演奏する。

（楽譜リハーサルマーク B 部分のみ）※楽譜 **Step6** （P103）参照

（はじめはゆっくり）♩＝**88** くらい

 **Step3** **Step4** の  を参考にしてください。

 **Step 6**

2つの**リズムパターン**「とん」「ちん」「かん」と「ぶわぁ」「がちゃん」
を合わせ、『さんぽ』を先生のピアノ伴奏に合わせ最初から最後まで
通して演奏をする。　　　　　　　※合わせ方のポイントは P104 ～ 105 を参照
　　　　　　　　　　　　　　　　　　〈**リズムパターン** P108 参照〉

楽譜 C 部分は A のリズム（とん・ちん・かん）と B のリズム（ぶわぁ・がちゃん）を合わ
せて演奏します。
最初はタイミングが取りにくいので C の前で「みん・な」とリズムよく声を掛けると、
タイミングが取りやすいです。

さんぽ

作曲：久石　譲
編曲：山地　寛和

リハーサルマーク
音楽の変わり目を示すものです

言葉も言いながら全員で楽器を演奏する
〈P105 参照〉

合わせるポイント

ピアノを弾かず

❶ 始めは手の合図（ハンドサイン・指揮）で行い先生の鼻歌、もしくはアカペラ伴奏で始めてみましょう。 ※ひろせんせいより P100 も合わせて参照

『さんぽ』は馴染みのある曲ですので、楽器を持っていない子どもと一緒に歌いながら伴奏ができます。 〈アカペラ P107 参照〉

※楽譜 C 部分は2種類のリズムを一緒に演奏するので、例えば右手で「とん・ちん・かん」、左手で「ぶわぁ・がちゃん」というように、左右の手それぞれ違う動きをする必要があります。

▶手の合図は、拍の打点（楽器を鳴らすタイミング）部分が分かるように示すと子どもがタイミングを取りやすいので、一度練習してみましょう。

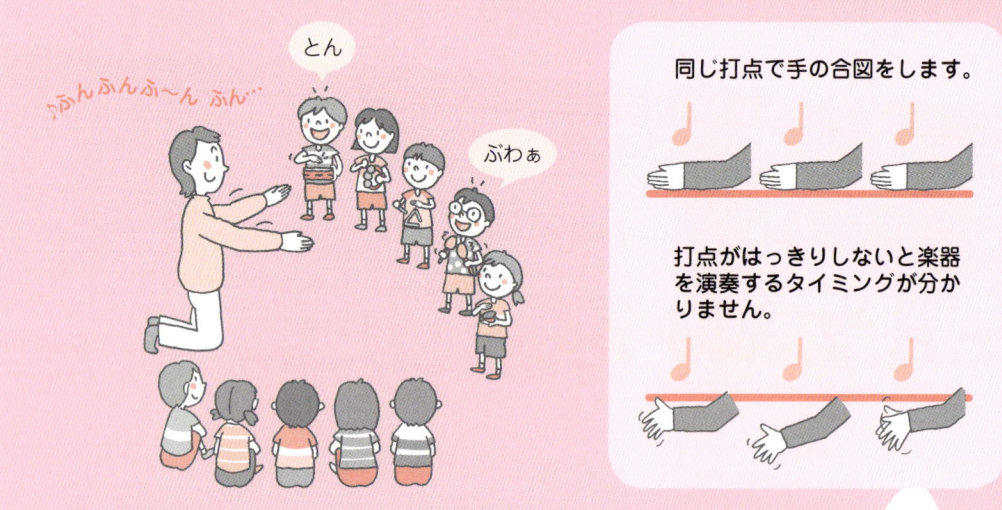

とん

♪ふんふんふ〜ん ふん…

ぶわぁ

同じ打点で手の合図をします。

打点がはっきりしないと楽器を演奏するタイミングが分かりません。

❷ 演奏しながら、言葉（とん・ちん・かん、または、ぶわぁ・がちゃん）を言います。

今まで遊んできた流れのまま行うと、安心して楽器の演奏ができます。

ピアノを弾いて

❸ 楽譜 A から B のリズムや楽器の変わり目で、先生はピアノを弾きながらリズミカルに言葉掛けを行い、楽器が代わるタイミングの援助を行いましょう。

言葉は「こうたい」「みんな」「さいご」などと伝えましょう。 ※楽譜 P102 参照

❹ 演奏が慣れてきたら、言葉掛けを無くして、ピアノ伴奏だけで行います。

子どもたちだけでタイミングを見極めて演奏します。

❺ 言葉（とん・ちん・かん、または、ぶわぁ・がちゃん）を言わずに、楽器とピアノだけで演奏を行います。

※合奏の合わせ方は、楽曲、楽器に応じて異なります。
他の曲を用いる場合はその曲に合った合わせ方を考えましょう。

最後の2小節は**トゥッティー**で全員が「1・2・おしまい」となります。
まず先生の「さいご」の掛け声に合わせて「1・2・おしまい」と言葉を言いながら楽器を演奏する遊びをします。
その後は前頁「合わせるポイント」を参照して合わせてみましょう。
難しい場合は楽器ではなく、リズムを手拍子で行ってみましょう。
この本にはリズム合奏するまでに実践してほしい遊びを沢山紹介していますので、少し難しく感じたら他の遊びから始めてください。

〈**トゥッティー** P108 参照〉

経験の積み重ねを大切に！

異なったリズムを合わせることは、少しずつ遊びながら積み重ねて行いましょう。
また、これまでの経験や年齢によって簡単に感じる子どももいれば、難しく感じる子どももいます。
音楽は経験の積み重ねが大切ですので、この本を通じて沢山の音楽遊びを楽しんでくださいね。

合わせの 応用編　手の合図（ハンドサイン・指揮）は子どもが先生の真似をしながら遊べます。

木琴アンサンブルであそんでみよう!!

🎵 わらべうたあそびで木琴を使ってみよう
（動きと音、言葉を融合させて）

わらべうたの遊び（動きと言葉）をする子どもと、木琴を演奏する子どもに分かれて遊びます。
下記の楽譜を用いる場合、必要な鍵盤のみ置いて他の鍵盤を外すと簡単に演奏できます。
また、音も**オスティナート**で演奏しますので無理なく遊べます。
※単音バー（リゾネーターバー）は1音につき1つの楽器なので鍵盤は外れません。

〈**オスティナート** P107 参照〉

アンサンブル楽譜例

なべなべそこぬけ

編曲：山地 寛和

なべなべ そ こぬけ　そこがぬけたら かえりましょ

※伴奏は、①バスのみ、②ソプラノとアルトだけ、③全て入れての3種類のバリエーションでも遊べます。
　まず、バスのみ先生の伴奏からはじめて、次に向かい合わせで子どもと一緒に演奏し続けて楽器を増やしていくといいでしょう。

【参考文献】
● 日本オルフ音楽教育研究会著（2015）オルフ・シュールヴェルクの研究と実践　朝日出版社
● 星野圭朗著（1979）オルフ・シュールベルク理論とその実際　全音楽譜出版社

音楽用語解説

ここでは本書に出てくる音楽用語を解説致します。
本書のみの用語なので、より詳しい音楽用語は引用・参考文献をご覧ください。

【ア行】

アカペラ
「礼拝堂風に」、又は「聖堂風に」の意味で、楽器の伴奏を伴わない声楽曲。また、それが転じて無伴奏で独唱・重唱・合唱すること。
※本書では、無伴奏で歌うことをアカペラとしています。

アーフタクト（弱起）☆
楽曲や主題が小節の最強拍（第1拍）以外の弱拍から始まること。

アンサンブル
2人以上の演奏者による合奏（合唱）又は重奏（重唱）のこと。楽器は同種、異種を問わない。

オクターブ（オクターヴ）
完全8度音程。

オスティナート
ある一定の音型パターンを、長い間繰り返し続けるもの。

【カ行】

間奏（ブリッジ）
歌で、1番と2番、2番、3番などの間に挿入されるつなぎの部分。多くは器楽で奏される。
※本書では、歌だけでなく楽器を用いる場面でも間奏としています。

グリッサンド
高さの異なる2音間を、連続的に（滑るように）経過的に奏すること。ピアノでは通常、指の背（爪の部分）で鍵盤の上を速く滑らせる。弦楽器、管楽器、ハープ、木琴などで用いられる。

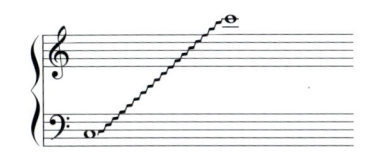

コール＆レスポンス（問答）★
メイン・ボーカルとコーラスが呼応した形で演奏されることで、いわゆる「掛け合い」のこと。もともとは、ゴスペルの掛け合いから発生した。
※本書では、先生の呼びかけに子どもが応えるものとしています。

【サ行】

前奏☆
声楽や楽器などの演奏を行う際に、その伴奏部で曲の最初に奏する主要部への導入の部分をいう。

ソロ・ソリ
イタリア語で「単独に」の意味。複数形はソリという。
① 独奏や独唱のこと。（伴奏付きの場合も含む）
② オーケストラ曲などで、ある特定の楽器（パート）を際立たせる場合の指示。
③ 協奏曲で、トゥッティー（全合奏）に対し独奏部分のこと。
※本書では、楽曲の中で1人だけが楽器を演奏することをソロ、複数人数で同じリズムやフレーズを演奏することをソリとしています。

【タ行】

調（キー）
長音階あるいは短音階が特定の音を主音とするとき、その主音の音名をつけて表されるもの。それによって各12の長調・短調ができる。

テンポ
曲の速さ〈**テンポマーク** P109 参照〉

トゥッティー

① 「全部」の意味。「総奏」「全合奏」ともいう。演奏している全ての奏者が同時に演奏すること。

② 17 〜 18 世紀のコンチェルトで、独奏楽器群に対比されるオーケストラによる全合奏のこと。

※本書では、楽器を持っている子どもみんなが一緒に演奏することの意味としています。

トリル☆

主要音と2度上の補助音との急速な交代による装飾音の一種。

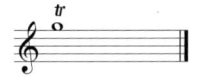

トレモロ

「震える」の意味。同音あるいは複数の音を極めて細かく反復する奏法。弦楽器のトレモロが最も効果的。ピアノなどでも使われる。

※例えば

ソにトリルが付く場合はソラ（ラは補助音）の繰り返し

ソにトレモロが付く場合はソを繰り返し

ソとミにトレモロが付く場合はソとミを細かく反復する

【ハ行】

拍（ビート）

拍子を作る単位。一定の時間的感覚をもって数えられるもので、小節の中での拍の位置によりアクセントの強弱（すなわち強拍・弱拍）が生まれ、その組み合わせにより各種の拍子が作られる。

拍子

一定数の拍がまとまって音楽の時間的な単位となり、リズムの骨格となるもの。強拍と弱拍が一定の周期で現れ、第1拍に心理的アクセントが置かれる。例えば $\frac{3}{4}$ 拍子は、4分音符3つが1単位となりアクセントが繰り返されるもので、この1単位を1小節という（なお、拍子を分数表示で表したものを拍子記号という）。拍子は大まかに3種類に分けられる。

① 単純拍子

2拍子系＝各小節が「強−弱」のように感じられる拍子 $\frac{2}{4}$ $\frac{2}{4}$ 拍子など

3拍子系＝各小節が「強−弱−弱」のように感じられる拍子 $\frac{3}{4}$ $\frac{3}{8}$ 拍子など

4拍子系＝各小節が「強−弱−中弱−弱」のように感じられる拍子 $\frac{4}{4}$ 拍子など

※本書では、$\frac{4}{4}$ が多く出てきますが4分音符4つ分が1小節に含まれるものを $\frac{4}{4}$ 拍子と言います。

② 複合拍子

同種の単純拍子をいくつか合わせて作った拍子 例えば3拍子を2つ合わせて6拍子とした $\frac{6}{8}$ $\frac{6}{4}$ 拍子など・・・。

③ 混合拍子

特殊拍子ともいう。異なる単純拍子を組み合わせてできた拍子。3拍子と2拍子を合わせた5拍子など・・・。

※保育現場の音楽活動では ① 単純拍子の2拍子、3拍子、4拍子が多くの割合を占めています。

フレーズ（楽句）

旋律の音楽的な段落で、ひとまとまりとなる部分をいう。通常は2，4，8小節にその切れ目がくることが多い。

※本書では、フレーズ感という言葉が出てきますが、同様の意味で解釈してください。

【マ行】

メロディー（旋律）☆

音の高低や長短のさまざまな組み合わせによってできる連続的な音の流れをいう。

※本書では、メロディーラインという言葉が出てきますが、歌唱楽曲のピアノ伴奏で伴奏部分（ハーモニー、リズム）を除く歌う部分だけの音をメロディーラインとしています。

【ラ行】

リズム

音楽の流れを構成する秩序ある運動。

拍のアクセントが規則的に置かれるもの→拍節リズム

拍のアクセントが不規則なもの→定量リズム

拍の単位を持たないもの→自由リズム

リズムパターン☆

「リズム」のことで、種々の音符を組み合わせて、特性的な型を作るリズムをいう。

【ワ行】

和音

違う高さの音が2つ以上同時に鳴るときの響きをいう。和音は協和音と不協和音とに分けられ、調性音楽では3度の積み重ねによる三和音が基本となる。三和音の各音は下から順に、根音、第3音、第5音と呼ぶ。和音はそれぞれの機能にしたがって連結される。

近・現代では和音の積み重ねがより多様になる。

例（ハ長調　C dur の場合）

ドミソの和音（Ⅰの和音）　ファラドの和音（Ⅳの和音）　ソシレの和音（Ⅴの和音）

コードネームで表すと　C　F　G

音楽記号その他

ここでは保育でも使用する音楽記号や音楽用語を抜粋して紹介致します。
より詳しい音楽的な言葉は引用・参考文献をご参照ください。

【音楽記号】

pp ピアニッシモ　きわめて弱く ………………
p ピアノ　弱く ………………
mp メゾピアノ　やや弱く ………………
mf メゾフォルテ　やや強く ………………
f フォルテ　強く ………………
ff フォルティッシモ　きわめて強く ………………

弱
強

cresc. クレッシェンド　だんだん強く
dim. ディミニュエンド　だんだん弱く

♩=60 テンポマーク
　楽曲を演奏する速さを数字で示す記号
　（拍の単位となる音符を決めて、それが1分間に
　いくつ奏されるかによって速さを示す）

【演奏の速さについての用語】

〈速さを示すもの　遅い→速いの順に〉
Adagio アダージョ　遅く
Andante アンダンテ　歩くように、適度に緩やか
　な速度で
Moderato モデラート　中くらいの速度で
　（アンダンテとアレグロの間の速度をいう）
Allegretto アレグレット　やや快速に
　（アレグロよりやや遅く、モデラートよりやや速く）
Allegro アレグロ　快速に　活発に

〈速度の変化を示すもの〉
ritardando. リタルダンド　だんだん遅くする
　（ *rit. ritard.* と略記）
accelerando. アッチェレランド　次第に速く
　（ *accel.* と略記）
a tempo ア・テンポ　元の速度で
　（ *rit.* した速度を元の速度へ戻すこと）
in tempo インテンポ　正確な拍子で
　（一定のテンポを保ちながら演奏する）

音符の種類と反復記号がわかりにくいという方が
多いのでご参考までに・・・。

音符の種類の例

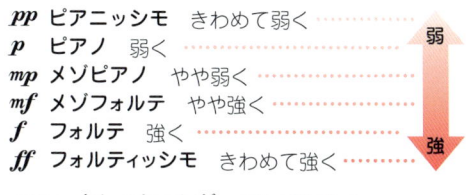

反復記号の演奏順

①演奏順　A→B→A→B

②演奏順　A→B→C→B→C

③演奏順　A→B→C→D→A→B→C→E

④演奏順　A→B→C→D→A→B
　D.C. （ダ・カーポ）「はじめから」の意味
　Fine （フィーネ）　で終わります。

⑤演奏順　A→B→C→D→E→A→B→F→G
　⊕（コーダ・マーク）　反復後に⊕があった場合、
　　　　　　　　　　　次の⊕までとばして進みます。

⑥演奏順　A→B→C→D→E→F→G→H→I→D→E→F
　D.S. （ダルセーニョ）「記号まで」の意味。§（セーニョ）まで戻ります。

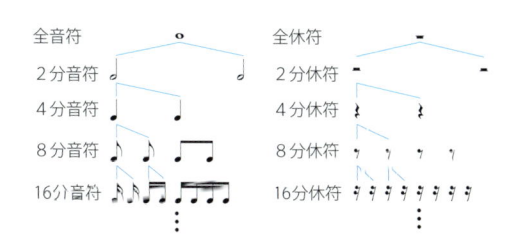

〈引用・参考文献〉
☆全国大学音楽教育学会　編　（2012）
　新訂　幼児音楽教育ハンドブック　付　幼稚園教育要領・保育所保育指針　音楽之友社

★ヤマハミュージックメディア
　音楽用語ダス　http://www.ymm.co.jp/

印なし
　カワイ音楽教育研究所　編　（2015）
　すぐに役立つ　音楽用語ハンドブック〔改訂版〕―音楽・教育・保育に携る人々に―　河合楽器製作所・出版部

おわりに 〜皆さんに感謝〜

人との出会い
それは新しい価値観が生まれる時

子どもの音楽活動をはじめて何年になるでしょうか・・・。
この長い間たくさんの素晴らしい出会いがありました。

まず、音楽アプローチ・・・
リトミックでは、**動きから音楽を理解する**楽しさを。
レクリエーションでは、**心が通い合う音楽やゲーム性**をもたせる大切さ。
そして、オルフ音楽教育では多様な音楽の表現や様々な領域をつなぐ音楽。そして、誰もが**自分の持っている音楽を知り、楽しみ、表現できる**事を。
音楽療法や西アフリカの民族音楽では、言語を使わない**ノンバーバルコミュニケーション**、**音楽と健康**の関わり、そして音楽の楽しさの原点を学びました。

また、そのような音楽の出会いと共に、
それを扱う人によって、より音楽は素晴らしいものになる事も実感していきました。
ホスピタリティ溢れるレクリエーションの松尾純子先生
オルフ音楽教育では、対象者の持っている音楽性を魔法のように引き出す誉田真理先生、
柴田礼子先生は、様々な素材を使った音楽あそびや五感を通して楽しむ音楽アプローチを。
石上則子先生の授業では、言葉をモチーフにした音楽づくりの授業を拝見し、子どもが主体的に音楽を楽しむ姿を見てとても感動しました。
下川英子先生の音楽療法は、使用する手作りの媒介物（コミュニケーションツール）やピアノの音、何をとっても対象者を想った優しさが溢れていました。
小山久子先生の音楽健康法は、高齢者の小さな声や心の声にも耳を傾け、現場には"笑い"が溢れていました。
西アフリカの太鼓"ジェンベ"プレイヤーの赤井浩さんは、人と人との壁をつくらない音楽。
民俗音楽家のロビン・ロイドさんは、世界の音楽を通じて、多様な価値観に気づかせてくれました。
表現豊かな楽ようこさんは、子ども達のやってみたいという気持ちを引き出すパフォーマンスの素晴らしい方です。
本書の遊びの内容は、このような素晴らしい先生方との出会いと学びをベースに音楽活動をしている幼稚園、保育園、こども園の子どもたちとの関わりの中で生まれました。
皆さんに感謝申し上げます。

そして、本書の作成にあたり、ちゃいるどネット大阪 玉置様はじめとする職員の皆様、イラストレーターの伊東直子様、協力して下さった幼稚園、保育園、こども園の職員園児の皆様、御礼申し上げます。

最後に本書をお読み頂いた皆様、いかがでしたか？

音楽が好きな方はもっと好きになりましたか？ ちょっと苦手だった方も好きになれましたか？

いつか皆さんとも一緒に音楽を楽しめたらいいですね。

皆様に尊敬と感謝の気持ちをこめて・・・

心から「ありがとうございます。」

この本の作成に当たり沢山の幼稚園、保育園、こども園及び関係者にご協力頂きました。
紹介させて頂くと共に厚く御礼申し上げます。

〈実践・写真協力〉
- ●大阪府
  - 青い鳥学園（松原市）
  - 木の実幼稚園（松原市）
  - 高槻双葉幼稚園（高槻市）
  - 高屋保育学園（羽曳野市）
  - 花園和敬学園（大阪市）
- ●兵庫県
  - かわにしひよし保育園（川西市）
  - 若葉保育園（尼崎市）

〈実践協力〉
- ●大阪府
  - 聖化保育園（大阪市）
- ●京都府
  - 菊の花幼稚園（京都市）
- ●兵庫県
  - 雲雀丘学園幼稚園（宝塚市）

〈協力〉
- 岡本 有喜子
- 河端 香織
- 北田 朋子
- 清水 真由美
- 藤井 智子
- 松島 祝子

〈写真撮影協力〉
- 伊原 秀夫

（敬称省略 50音順）

[編著者所属先]
特定非営利活動法人 生涯音楽アカデミー

兵庫県神戸市東灘区深江北町３丁目８−９
tel/fax：078-453-1880
info@soa-npo.com
http://www.soa-npo.com
生涯音楽アカデミーは神戸市に事務所を置き、大阪・兵庫・京都など関西地区を中心に、全国各地の保育・教育現場で子どもへの音楽活動の提供、及び保育・教育関係者向けの研修、講演を行っております。
また幅広い年齢を対象とする音楽公演や高齢者向けの音楽レクリエーションなど音楽と人に関わる様々な活動を行っております。

[編集協力]
特定非営利活動法人 ちゃいるどネット大阪

大阪市中央区法円坂１−１−35　アネックス パル法円坂４階
tel：06-4790-2221／fax：06-4790-2223
hello@c-rights-net.gr.jp または、info@childnet.or.jp
http://www.childnet.or.jp
子どもが人権の主体として育つ力をはぐくむ保育・子育てをめざし、研修・研究・情報発信の事業を行っています。年間約65講座の主催・共催研修、テーマごとの研究会、図書・教材の発刊を年間通して行い、大阪府内の保育関係者のみならず全国から参加や注文をいただいています。

【編著者紹介】

山地 寛和（やまじ ひろかず）

特定非営利活動法人 生涯音楽アカデミー理事長
レオミュージック（音楽教室）主宰
流通科学大学非常勤講師

大阪音楽人学短期大学部卒業
大阪芸術大学卒業
京都造形芸術大学大学院在学中
子どもの心と体、創造性を養う音楽教育を 20 年以上実践し、現在も様々な保育現場で日々子どもとふれあう傍ら、
数多くの自治体、連盟等から依頼を受け、保育・教員向け講習会、研究会、講演会講師を務める。
〔オルフ音楽教育・音楽レクリエーション・鍵盤ハーモニカ・器楽合奏等　現場、依頼に合わせた様々な音楽教育法〕
過去の実績等は生涯音楽アカデミーＨＰ（soa-npo.com）にて

山川 博史（やまかわ ひろし）

特定非営利活動法人 生涯音楽アカデミー所属

静岡県立富士宮東高等学校芸術コース音楽専攻卒業
千葉経済大学短期大学部子ども学科卒業
聖和大学教育学部幼児教育学科卒業
保育園や小学校に勤務の後、オーストリア、ザルツブルク・モーツァルテウム大学オルフ研究所へ 2 度訪問。9th International Orff-Schulwerk Symposium をはじめオルフ音楽教育のワークショップに数多く参加し音楽教育の理解を深める。
現在は幼稚園・保育園を中心に子どもの音楽遊びの実践、保育者への研修、音楽を用いた子育て支援の実践等、教育と音楽に関わる活動を行っている。

保育・音楽遊びの幅を広げよう！　創造性を養う
リズム・楽器・コミュニケーション

2017年4月14日　　初版発行

編 著 者　　山地 寛和　山川 博史

編集協力　　特定非営利活動法人ちゃいるどネット大阪
DTP・イラスト　伊東 直子
定　　価　　本体 2,000 円＋税

発 行 所　　株式会社 三恵社
　　　　　　〒 462-0056　名古屋市北区中丸町 2-24-1
　　　　　　TEL　052-915-5211
　　　　　　FAX　052-915-5019
　　　　　　URL　http://www.sankeisha.com